Obrigado pela sua inspiração,
Doutor Cambios

Peter Granzow

Im Schoß, der Leiden schafft

Feucht, fröhlich & frivol

Die tiefen Einblicke des Dr. Conrad,
Facharzt für Gynäkologie und Geburtshilfe

Copyright: © 2020: Peter Granzow
Lektorat: Ingrid Schumacher / TEXTUR – Text und Lektorat
Buchcover: Danny Frede
Umschlag & Satz: Erik Kinting – www.buchlektorat.net

978-3-7497-7850-8 (Paperback)
978-3-7497-7851-5 (Hardcover)
978-3-7497-7852-2 (e-Book)

Verlag und Druck:
tredition GmbH
Halenreie 40-44
22359 Hamburg

Alle Personen in diesem Buch sind fiktiv. Ähnlichkeiten zu real existierenden Personen wären reiner Zufall.

Bibliografische Information der Deutschen Nationalbibliothek:
Die Deutsche Nationalbibliothek verzeichnet diese Publikation in der Deutschen Nationalbibliografie; detaillierte bibliografische Daten sind im Internet über http://dnb.d-nb.de abrufbar.

Inhaltsverzeichnis

VORWORT

Liebe Leserin,
Lieber Leser,
Dr. Conrad war über vierzig Jahre Gynäkologe aus Leidenschaft. Die letzten Berufsjahre praktizierte er in seiner eigenen Praxis in Hamburg, die er zum 31. Dezember 2018 gewinnbringend verkaufen konnte. Seinen heutigen Ruhestand genießt er mit seiner Ehefrau in einer geräumigen Eigentumswohnung in der Nähe von Rostock. Zusammen ernten sie die wohlverdienten Früchte eines langen Arbeitslebens, wie sie es selber nennen und erfreuen sich an den Reisen die sie inzwischen unternehmen können, oder auf den Besuch eines ihrer beiden erwachsenen Kinder.
Für Dr. Conrad begann das Arbeitsleben bereits im Jahr 1969 mit dem Medizinstudium in West-Berlin, wo er direkt im Anschluss eine Anstellung als Assistenzarzt in der gynäkologischen Abteilung eines Krankenhauses erhielt. Während dieser Jahre schrieb er auch seine Doktorarbeit, die ihn nicht nur viel Arbeit, Zeit und Ausdauer gekostet hatte, sondern auch viel Nerven. Letztlich sollte es fast fünf Jahre dauern, bis er sich mit dem Doktortitel schmücken durfte. Ganz nebenbei hatte er sich innerhalb dieser Jahre auch den Status des Facharztes für Gynäkologie erarbeitet. Als Facharzt mit Doktortitel waren somit alle Weichen für ein erfolgreiches Berufsleben gestellt.
Nach über vierzig Jahren als Gynäkologe blickt Dr. Conrad auf eine schier grenzenlose Anzahl von Erfahrungen und Erlebnissen zurück. Nach all den Jahren bestand seine Arbeit zum Schluss größtenteils aus Routine, doch manchmal erlebte er mit seinen Patientinnen auch Situationen, die er nie in seinem Leben vergessen würde. Einige davon waren skurril, andere zum Weinen, einige ließen ihn an der Menschheit zweifeln und wieder andere machten

ihn einfach nur noch sprachlos. Glücklicherweise gab es aber auch immer wieder Erfahrungen, die ihn im Stillen zum Lachen brachten.

Dieses Buch enthält eine kleine, aber feine Auswahl der skurrilsten, lustigsten, aber auch zugleich traurigsten Geschichten, die Dr. Conrad im Laufe seiner Karriere erlebt hat. Sollten Sie beim Lesen irgendwann einmal der Meinung sein, dass dies doch gar nicht passiert sein könne, und schon gar nicht so wie geschildert, dann machen Sie sich eines bitte immer bewusst: Doch, es ist passiert! Und zwar genau so!

Und nun viel Spaß beim Lesen der feucht-fröhlichen und mitunter leicht frivolen Erlebnisse des Dr. Conrad, Facharzt für Gynäkologie und Geburtshilfe.

EINLEITUNG

Sie kennen das bestimmt: Jeder von uns musste im Laufe seines Lebens schon des Öfteren den Arzt seines Vertrauens aufzusuchen. Dabei spielt es keine Rolle, ob den Haus- oder Zahnarzt, den Facharzt für Dermatologie, den Orthopäden oder welchen Arzt auch immer. Letztlich sitzen wir zunächst alle im selben Boot, beziehungsweise im selben Zimmer: dem Wartezimmer. Auch Dr. Walter Conrad, Facharzt für Gynäkologie, musste in seinem Privatleben aufgrund von Rückenproblemen des Öfteren einen Orthopäden aufsuchen, bei dem es schon lange kein Wartezimmer mehr gab, dieses hatte sein Kollege kurzerhand in *Lesezimmer* umbenannt!

Die Umbenennung erfolgte sicherlich aus psychologischen Gründen, denn gelegentlich mussten die Patienten bis zu neunzig Minuten Wartezeit in Kauf nehmen, was nicht gerade zur Freude seiner ohnehin kränklichen Kundschaft beitrug. Damit seine Patienten sich die Zeit durch lesen etwas verkürzen konnten, war eine große und abwechslungsreiche Auswahl an Zeitungen also sicherlich sinnvoll.

Als Kollege wurde Dr. Conrad zwar stets ohne Wartezeiten ins Sprechzimmer vorgelassen, dennoch machte er sich gelegentlich Gedanken darüber, ob die Patientinnen in seiner Praxis auch so lange warten mussten. So beschloss er eines schönen Tages, zukünftig alles daran zu setzen, dass seine Patientinnen demnächst nicht länger als fünfzehn Minuten in seinem Wartezimmer verbringen sollten. Schließlich mussten sie im Anschluss an eine mitunter längere Wartezeit ja noch auf einem Stuhl Platz nehmen, der von fast keiner Patientin geliebt wurde.

Umfragen zufolge tat dies keine Frau besonders gerne, insbesondere galt dies für junge Mädchen im Teenageralter, die die Dienste eines Gynäkologen noch nie zuvor in ihrem Leben in Anspruch genommen hatten. Doch irgendwann kam für jede Frau der Tag, an dem sie auf dem Behandlungsstuhl von Dr. Conrad oder einem seiner Kollegen landete. Dennoch, während seiner jahrelangen Berufserfahrung, in der er tausende Frauen untersucht und tausende von Babys auf die Welt geholt hatte, hatte er eines immer wieder feststellen dürfen: Die Patientinnen, die ihn aufsuchten, kamen in der Regel nicht gerne in seine Praxis. Dies zeigte sich vor allem immer dann, wenn er das Gefühl hatte, seine Patientin war schlecht oder gar nicht auf den Besuch bei ihm vorbereitet. In solchen Momenten wünschte sich Dr. Conrad, dass ihn einige seiner Patientinnen bereits früher aufgesucht hätten, andere wiederum sehr viel früher.

In diesem Zusammenhang bediente er sich gerne eines Zitates seiner Mutter, die jahrelang Fremdenzimmer vermietet hatte. Wie sagte sie immer so schön? *"Walter, meine männlichen Gäste sind viel sauberer als die weiblichen, einige Frauen pflegen ihre Zimmer einfach nicht."*

Hatte er also eine Patientin vor sich, bei der es unübersehbar an der nötigen Hygiene mangelte, dachte er oft an die Worte seiner Mutter und stellte sich vor, wie sie ein schmutziges Fremdenzimmer wieder saubermachen musste und innerlich sagte er sich: *"Walter, walte deines Amtes."*

War in seiner Praxis viel los, waltete Dr. Conrad an einem Tag in bis zu 30 verschiedenen „Zimmern" seines Amtes. Mal waren diese top gepflegt und hygienisch einwandfrei. Allzu oft mangelte es aber an der nötigen „Reinigung", was zur Folge hatte, dass die „Wände" von unschönen „Belegen" befallen waren. Auch fand er gelegentlich Dinge, die dort einfach nicht hingehörten und offensichtlich vergessen worden waren. Hier dachte er wieder an die Erfahrungen seiner Mutter, deren Übernachtungsgäste gelegentlich ebenfalls Dinge in ihren Zimmern vergaßen. In diesen Fällen beschwerte sie sich stets mit den Worten, dass das Zimmer nicht „besenrein" übergeben worden sei.

Was den Schwierigkeitsgrad seiner Arbeit jedoch zusätzlich erhöhte, war die Tatsache, dass Dr. Conrad über einen sehr gut funktionierenden Geruchssinn verfügte. Sofern er sich also gerade in einem etwas unaufgeräumten „Hinterzimmer" befand, musste er sich gedanklich ablenken. So stelle er sich bildlich vor, wie seine Patientin, während sie mit gespreizten Beinen vor ihm in seinem Behandlungsstuhl saß und ihre Füße in die Luft ragten, an beiden ihrer großen Zehen einen dieser bunten Duftbäume hängen hatte, die man sonst nur von Autospiegeln kannte.

Dies mag verrückt oder den Frauen gegenüber respektlos klingen, aber es funktionierte tatsächlich. Außerdem war es ja auch nur ein Gedankenspiel, viel schlimmer wäre es gewesen, Dr. Conrad hätte seine Patientinnen vor der Untersuchung wirklich mit zwei Duftbäumen ausgestattet. Und seien wir mal ehrlich, sicherlich haben auch Sie in Ihrem Beruf gelegentlich Aufgaben zu erfüllen, die Sie nur mit einem kleinen Trick bewältigen können.

Doch ganz gleich, welche Tricks Dr. Conrad von Zeit zu Zeit anwandte, um seine Arbeit gewissenhaft durchzuführen, eines blieb ihm stets bewusst: Das Schönste an seinem Beruf, für den er jahrelang studiert hatte, war bei Entbindungen das Endergebnis, welches er letztlich schreiend in seinen Armen halten durfte. Ein wunderbares, süßes Baby, ein unvergleichbares Meisterwerk der Natur!

Grundlegendes für den Besuch beim Gynäkologen

Zunächst einmal sollte sich der Besuch beim Frauenarzt im Laufe der Jahre zu einer ganz natürlichen Sache entwickeln und frei von Scham sein, auch wenn dieses, was den Erstbesuch junger Frauen im Teenager-Alter betrifft, leichter gesagt als getan ist. Natürlich ist es ein beklemmendes Gefühl, sich als junges Mädchen einer wildfremden Person auf eine so intime Art zu präsentieren, was es nur allzu verständlich macht, dass junge Mädchen für ihren ersten Besuch beim Frauenarzt lieber eine Ärztin vorziehen. Im besten Fall sollten sich zuvor auch die Mütter der jungen Mädchen ausführlich mit ihren Töchtern über diesen ganz speziellen Arztbesuch unterhalten.

An dieser Stelle mag vielleicht verwundern, dass hier noch einmal explizit darauf hingewiesen wird, weil dies doch eigentlich selbstverständlich sein sollte. Leider zeigt die Erfahrung immer wieder, dass Mütter solch ein aufklärendes Gespräch versäumt haben, waren sie doch in der Annahme, dass der Besuch beim Gynäkologen zum Sexualkundeunterricht der Schule gehörte und ihre Töchter somit automatisch auf den Arztbesuch vorbereitet wurden. Hinzu kommt, dass die meisten jungen Mädchen, während sie das erste Mal einen Gynäkologen aufsuchen, mitten in der Pubertät stecken und es während dieser Zeit oft Spannungen zwischen Mutter und Tochter gibt, welche keine gute Grundlage für ein persönliches und zugleich sehr intimes Gespräch bilden.

Letztendlich sollte der Besuch beim Gynäkologen kein nervenaufreibendes Erlebnis sein, sondern eine entspannte Angelegenheit. Sollte sich der Arztbesuch dennoch einmal unerwartet in eine gefühlt falsche Richtung entwickeln, und von der Patientin sogar als unangenehm empfunden werden, so darf sie diesen, vielmehr sollte sie diesen Besuch sofort abbrechen, ganz gleich was der Arzt oder die Ärztin sagt. An dieser Stelle wäre eine falsche Scham erst recht unangebracht.

Um einigen Frauen die Angst vor dem Besuch beim Gynäkologen zu nehmen und sie gleichzeitig darüber aufzuklären, was dieser eigentlich darf und was nicht, nachfolgend ein paar kleine Informationen, die vielleicht dabei helfen, den Gynäkologen ohne Bedenken aufzusuchen.

Grundsätzlich unternimmt der Frauenarzt Standarduntersuchungen. Dazu gehört die Untersuchung der Vagina gleichermaßen wie die Untersuchung der inneren Organe, nur so kann festgestellt werden, ob alles so funktioniert, wie es funktionieren sollte. Auch das Abtasten der Brust gehört ab dem Alter von dreißig Jahren dazu. Sofern der Arzt auch andere Untersuchungen vornehmen möchte, sollte er dies vorab mit der Patientin abklären und sie genauestens informieren. Sofern Sie als Patientin irgendetwas nicht verstehen, zögern Sie bitte nicht nachzufragen, notfalls auch mehrmals.

Äußerungen zu Ihrem Körper, inklusive eines eventuellen Über- oder Untergewichts, verbieten sich grundsätzlich, außer es liegt ein medizinischer Grund vor. Auch Körperbehaarung, Piercings, Tattoos und andere Dinge, die Ihren Körper einzigartig machen, sind Ihre ganz persönliche Angelegenheit, diese sollten vom Arzt nicht kommentiert werden, es sei denn, Sie selbst fragen nach eventuellen Risiken von zum Beispiel einem Intimpiercing.

Zusammenfassend kann man sagen: Ganz gleich, was sie dem Frauenarzt erzählen, niemals sollte dieser über Sie urteilen. Ganz gleich, ob Sie ein viel zu großes oder außergewöhnliches Sexspielzeug benutzt haben, welches bei Ihnen Verletzungen verursacht hat, ob Sie einen Schwangerschaftsabbruch vornehmen oder Ihre Brust zum vierten Mal vergrößern lassen wollen. Einen *guten* Arzt schockt meistens nichts. Selbstverständlich wird er Ihnen medizinische Ratschläge erteilen, schlussendlich ist es aber Ihr Körper, also ist es Ihre Entscheidung, was Sie damit anstellen.

Entscheidend ist: Seien Sie auf alle Fälle ehrlich zu ihm. Es ist enorm wichtig, dass Sie ihm alles erzählen, wenn Sie Beschwerden haben, nur so kann der Arzt die richtige Untersuchung durchführen und Ihnen letztlich auch die richtige Therapie verschreiben. Sollten Sie ihn aus Scham auf eine falsche Fährte führen, so könnte dies eine Behandlung unnötig in die Länge ziehen und letztlich auch gravierende, gesundheitliche Folgen für Sie haben.

Zum Schluss sei gesagt, dass der Besuch beim Arzt grundsätzlich auch immer etwas mit Vertrauen zu tun hat. Hierbei spielt es keine Rolle, ob wir den Gynäkologen, den Zahn- oder Augenarzt oder welchen Arzt auch immer aufsuchen.

Eines dürfen wir jedoch nie vergessen: Auch ein Arzt übt seinen Beruf nicht aus reiner Nächstenliebe aus, oder weil er sonst nichts zu tun hat. Als niedergelassener Arzt mit eigener Praxis muss er am Ende des Monats so viel Geld eingenommen haben, dass er im besten Fall all seine Kosten bezahlen kann, die mitunter sehr hoch sind. Da fallen in den meisten Fällen Mietkosten für die Praxisräume, Personalkosten, die eigene Krankenversicherung und eventuelle Leasingraten für technische Geräte an, um hier nur einige aufzuzählen. Erst das, was nach Abzug aller Kosten übrig bleibt, kann der Arzt als sein eigenes Gehalt verbuchen.

Normalerweise ist es so, dass die Untersuchung beim Arzt von der Krankenkasse bezahlt wird. Darüber hinaus gibt es aber auch Untersuchungen, die nicht zum Leistungsspektrum der Krankenkassen gehören und kostenpflichtig sind, also vom Patienten selber bezahlt werden müssen. Hierbei handelt es sich um sogenannte IGe-Leistungen, was für Individuelle Gesundheitsleistungen steht – kurz: IGeL!

Zu diesen nicht von der Krankenkasse gezahlten Leistungen gehören beim Gynäkologen zum Beispiel der Test auf sexuell übertragbare Krankheiten und die Ultraschalluntersuchungen der Brüste.

Auch wenn Sie Ihrem Arzt vertrauen und Sie davon überzeugt sind, dass er nur das Beste für Sie will: Sofern er Sie dazu drängt, teure Untersuchungen vornehmen zu lassen, die nicht von der Kasse übernommen werden, sollten Sie misstrauisch werden. An dieser Stelle nur ein Beispiel, wie der Gynäkologe seine Umsätze steigern kann, natürlich nur, weil er es „gut" mit Ihnen meint:

In der Krebsfrüherkennung, aber auch in der Schwangerschaft, soll Ihnen die Ultraschalluntersuchung eine zusätzliche Sicherheit bringen. So kann die Sonografie des Beckens Veränderungen der Gebärmutter und der Eierstöcke zeigen, noch bevor diese Beschwerden verursachen. Die Kosten für eine solche Ultraschalluntersuchung liegen zwischen 35,00 € und 75,00 € und werden bei verdächtigen Symptomen auch von der Krankenkasse übernommen.

Als reine Vorsorgeuntersuchung handelt es sich jedoch um eine IGe-Leistung und muss von der Patientin selbst bezahlt werden. Die Krankenkassen begründen diese Regelung damit, dass es wissenschaftlich bislang nicht erwiesen wurde, dass sich die vaginale Ultraschalluntersuchung allgemein für die Krebsfrüherkennung eignet.

Verkauft der Gynäkologe diese Sonografie also nur einer einzigen Patientin pro Tag und berechnet dafür 50,00 €, hat er am Ende des Monats umgerechnet 1.000 Euro mehr in der Kasse.

Um es ganz klar zu sagen: Jeder muss sein Geld verdienen, ganz egal ob Bauunternehmer, Kioskbetreiber oder Arzt, und natürlich freut sich auch jeder über zusätzliche oder unerwartete Einnahmen, ganz egal ob Arbeitgeber oder Arbeitnehmer. Dennoch kommt es immer darauf an, wie man solche Einnahmen erzielt. Sollten Sie sich bei Ihrem Arztbesuch also einmal genötigt fühlen, eine bestimmte, kostenpflichtige Untersuchung durchführen zu lassen, die nach Ihrem eigenen Empfinden vielleicht gar nicht zwingend nötig ist, so lassen Sie sich zu nichts drängen, scheuen Sie auch nicht davor, sich zunächst eine Zweitmeinung einzuholen.

Und nun liebe Leserin, lieber Leser, genug der vielen Einleitungen, Vorworte und Tipps. Tauchen Sie nun ein, in die teils unglaublichen, feucht fröhlichen und auch leicht frivolen Erlebnisse des Gynäkologen Dr. Walter Conrad.

Patientinnen jeglicher Couleur!

Während Dr. Conrads jahrzehntelanger Tätigkeit als Gynäkologe hatte er die unterschiedlichsten Frauen, oder anders ausgedrückt, Patientinnen auf seinem Behandlungsstuhl sitzen. Nicht nur, dass sich im Laufe eines Arbeitstages der Altersunterschied von Patientin zu Patientin änderte und somit immer wieder neue Untersuchungen, Diagnosen und Beratungen erforderlich waren, auch waren die, nennen wir es *Rahmenbedingungen*, immer wieder anders.

Während man sehen, oder im wahrsten Sinne des Wortes leider auch riechen konnte, welche der Patientinnen sich vor einem Besuch bei ihm vorbereitet, sich also im Intimbereich gewaschen hatte, nahmen es einige der Damen nicht sonderlich genau mit der Hygiene. Wer nun auf den Gedanken kommt, dass es sicherlich die älteren Patientinnen waren, die sich nicht unbedingt vorbereiteten, der muss eines Besseren belehrt werden. Leider war es genau anders rum, denn mit zunehmender Berufserfahrung stellte Dr. Conrad immer wieder fest, dass es meist die älteren Damen waren, die sich auf einen Besuch bei ihm entsprechend einstellten. Die jüngeren Damen dagegen schienen den Besuch bei ihm irgendwie als etwas Lästiges zu empfinden, das man mal eben zwischen Tür und Angel erledigen konnte, ganz egal wie viele Tage man den Slip schon getragen hatte oder wie ausgeleiert dieser bereits war. Kollegen brachten dieses Phänomen gerne auf den Punkt, indem sie feststellten, dass es einigen Patientinnen offenbar einfach nicht möglich war, vor einem Besuch beim Gynäkologen, vorher mal kurz *durchzuwischen*. Die älteren Damen dagegen schienen irgendwie zu ahnen, dass man von ihnen erwartete, sie seien weniger hygienisch, also bereiteten sich die meisten von ihnen erfreulicherweise auf die Untersuchung vor.

Ein anderes Phänomen erblickte sozusagen Ende der 1990er das Licht der Welt: Die Intimrasur! Die Bezeichnung *Intimfrisur* wäre in einigen Fällen jedoch passender gewesen.

Nur wenige Jahre später lagen dann die ersten Patientinnen mit einem ganz anderen Phänomen auf seinem Behandlungsstuhl, es begann die Zeit der Intim-Piercings.

Was die Intimrasur betraf, so klang die Bezeichnung *Intimfrisur* zwar lustig, Fakt war aber, dass die meisten Frauen die Zeiten des *Naturbären* bereits Jahre hinter sich gelassen hatten. In welcher Form und wie radikal sie sich unten herum verändern wollte, das entschied jede Frau für sich ganz allein. Und dank der unterschiedlichen Formen wie *Brazilian Style* oder *Landing Stripe* gab es eine schier grenzenlose Vielzahl an Möglichkeiten, die Dr. Conrad zu Gesicht bekam.

Damit frau im Sommer im knappen Bikinihöschen eine gute Figur machen konnte, trimmten sie ihre Bikinizone anfangs nur. Irgendwann wurde die Behaarung schmaler und schmaler und aus einem *natürlichen Busch* wurde der so genannte *Landing Stripe*, bis man sich schließlich komplett rasierte. Der *Landing Stripe* verdankt seinen Namen der Ähnlichkeit zu einer Flugzeuglandebahn: Bei dieser Intimfrisur werden alle Haare bis auf einen dünnen Streifen in der Mitte entfernt, welcher meist an den Schamlippen beginnt. Ist zwischen den Schamlippen noch eine kleine, haarfreie Hautpartie zu sehen, sprechen Experten auch von einem *Irokesen*. Dr. Conrad erfuhr die Namen solcher Trends immer erst später von seinen Arzthelferinnen und war über so viel Kreativität bei der Namensfindung doch mehr als überrascht.

Der „Brazilian Style", auch Brazilian Waxing genannt, bezeichnet die Form der Haarentfernung im Intimbereich, bei der die Schambehaarung bei Frauen oder auch bei Männern mittels Warmwachs oder Zuckermasse entfernt wird. Im Gegensatz zur Rasur werden die Haare beim *Brazilian Waxing* samt der Haarwurzel entfernt. Wie bei allen Methoden der Epilation verlangsamt sich danach das Haarwachstum beträchtlich und die Haut bleibt länger glatt als bei einer Rasur. Auch sind die nachwachsenden Haare dünner, unauffälliger und weicher, was nachfolgende Anwendungen weniger schmerzhaft macht.

Im Laufe der Zeit hatte Dr. Conrad wohl alle auf dem Markt angebotenen Varianten gesehen und es schien fast so, als gäbe es keine einzige behaarte Patientin mehr, die unter 40 Jahre alt war und es sich auf seinem Stuhl bequem gemacht hatte. Einerseits empfand er dies für seine Untersuchungen als sehr angenehm, andererseits brachte die Haarentfernung auch wieder mehr Patientinnen in seine Praxis. Mal hatten sie sich vor der Haarentfernung entweder nicht richtig aufklären lassen, oder die Tipps, die man ihnen für die Zeit nach der Haarentfernung gegeben hatte, einfach nicht beachtet. Allzu oft klagten die Frauen über Rötungen, kleine Pickelchen oder eingewachsene Haare. Hier konnte Dr. Conrad nur aufklärend zur Seite stehen und seinen Patientinnen raten, nach dem nächsten Waxing für mindestens 24 Stunden Sauna, Sonnenbäder und auch Geschlechtsverkehr zu vermeiden. Letzteres sorgte bei vielen Patientinnen für Verwunderung, war der Geschlechtsverkehr doch meist mit einer der Hauptgründe für die Haarentfernung. Ebenso sollte am Behandlungstag keine enge Kleidung getragen werden, um unnötige Reizungen zu vermeiden.

Offensichtlich gab es bei den Rasur-Trends auch Unterschiede zwischen den Kulturen und Kontinenten. Bei deutschen Frauen fand man oft die Intimfrisur à la Europa, welche sich vom *Brazilian Style* doch sehr unterschied. Hier blieb ein kleiner Busch auf dem Venushügel stehen, die restlichen Härchen mussten jedoch daran glauben – irgendwie süß.

Neben den bereits zwei genannten Formen der Intimrasur gab es noch zahlreiche weitere. Eine davon war die *Pfeil-Form*, die dem Mann offensichtlich sagen oder zeigen sollte: *„Hey Kleiner, hier geht es rein!"* Der Pfeil führte geradewegs zum Ziel. Bei dieser Schamhaarfrisur wurden Irrungen und Wirrungen schlichtweg ausgeschlossen.

Wieder eine andere Frisur bezeichnete man als *Schnäuzer*, welcher unter den Patientinnen von Dr. Conrad gleichzeitig die am wenigsten verbreitete Variante einer Intimrasur darstellte. Hier war das Motto schlicht: Quer statt längst. Im Intimbereich wurde einfach ein breiter Streifen in horizontaler Richtung stehen gelassen, wodurch das Ganze den Eindruck eines männlichen Schnäuzers erweckte. Drumherum herrschte dagegen Kahlschlag. Eine von Dr. Conrads Arzthelferinnen nannte diese Form auch *„Der kleine Adolf"*.

Wechselte Dr. Conrad das Behandlungszimmer, in dem bereits eine neue Patientin auf ihre Untersuchung wartete, so informierte ihn seine Helferin gelegentlich mit dem Zusatz, dass in Behandlungsraum 3 *Der Kleine Adolf* wartete. Sofort wusste er, welche Intimrasur gerade auf seinem Behandlungsstuhl Platz genommen hatte. Allerdings hoffte er inständig, dass die betroffene Patientin oder die, die noch im Wartezimmer saßen, diese Bemerkung nicht gehört hatten.

Bei einer ganz anderen Form, dem *Schmetterling*, welcher lieblich, mädchenhaft und verspielt wirkte, musste bei der Rasur Dr. Conrads Erachtens nach mit einer Schablone oder einem vergleichbaren Hilfsmittel gearbeitet werden. Aufgrund der besonderen Form bedurfte es sicherlich einer gewissen Erfahrung. Dr. Conrad stellte sich vor, wie der Schmetterling während der Rasur nach und nach immer kleiner wurde, weil die Trägerin mit dem Ergebnis nicht zufrieden war und sich immer wieder *verschnitt*. Und wer weiß, vielleicht entwickelte sich so ein anfänglicher *Schmetterling* nach und nach zu einem *Schnäuzer*, um wenige Augenblicke später zur Totalrasur zu verkommen.

Ein ihm völlig unverständlicher Trend dagegen war die *Buchstaben-Rasur*. Von A bis Z ließen sich die Frauen hier wirklich jeden Buchstaben des Alphabets in ihre Schambehaarung frisieren. Der beliebteste Wunsch war hier natürlich der Anfangsbuchstabe des Partners. Gut, besser eine Intimfrisur in Form des Anfangsbuchstabens seines Partners, als sich den Namen seines Herzblattes über den ganzen Unterarm tätowieren zu lassen, so Dr. Conrads schlichte Devise. Bei einer Trennung war ein Buchstabe aus gekräuseltem Haar schließlich binnen Sekunden entfernt. Ein Tattoo dagegen war für die Ewigkeit. Auch hier sorgten seine Arzthelferinnen durch gekonnte Wortspiele stets für Heiterkeit in seiner Praxis. Intern nannten sie dieses Spiel *Scrabbeloge*, eine Zusammensetzung aus „Scrabble" und „Gynäkologe".

Die Wortspiele waren hier überaus interessant. So hatte sich eine Patientin zum Beispiel dazu entschieden, sich ihre Haare so rasieren zu lassen, dass auf jeder Seite ihrer Vagina der Buchstabe S zu lesen war, was doch sehr an SS und somit an die Nazizeit erinnerte. Begann Dr. Conrad aber mit seiner Untersuchung, und drang entweder mit nur einem Finger, mehreren, oder einem Untersuchungsgerät in die Vagina der Frau ein, so wurde aus dem *SS*, schnell ein *SOS*, und an manchen Tagen musste er selbst über seine eigenen Wortschöpfungen schmunzeln.

Die eigentliche Frage, die sich Dr. Conrad jedoch stellte war die nach der Reaktion der Männer. Was dachten diese beim ersten Anblick dieser ganz speziellen, wenn auch sicherlich sehr persönlichen Rasur? Mochten Männer solche Rasuren wirklich?

Die Krönung aller rasierten oder auch frisierten Liebesbeweise mit Romantik-Faktor war sicherlich die *Herz-Form*, wobei das haarige Herzchen erst zum Vorschein kam, nachdem der Slip gefallen war.

Sogar das Modelabel *Gucci* schaffte es eines Tages in Dr. Conrads Praxis, jedoch nicht in Form von Schuhen, die die Patientin vergessen hatte auszuziehen, und die nun steil in Richtung Deckenlampe des Behandlungszimmers ragten, nein, eine Patientin präsentierte ihm stolz das *GUCCI-G*, welches sie sich zwischen die Beine hatte rasieren lassen.

Ein ganz anderer Trend war wiederum bei den Frauen zu erkennen, die sich nicht gänzlich von ihrer Behaarung trennen wollten. Aber anstatt alles so natürlich wie möglich oder anders gesagt beim Alten zu belassen, färbten sie ihre Haare, und dies in den unmöglichsten Farben. Gut, bei älteren Frauen, bei denen die Schamhaare relativ früh ergraut waren, konnte Dr. Conrad nachvollziehen, wenn diese schwarz oder braun nachgefärbt wurden. Aber wie oft präsentierte man ihm auch Rosé, Blau oder Grün? Eine Patientin trieb den Färbewahnsinn jedoch auf die Spitze des schlechten Geschmacks. Offenbar waren sie und ihr Freund eingeschworene BVB-Fans, also Anhänger des Dortmunder Fußballvereins. Da die Clubfarben des BVB Schwarz und Gelb waren, hatte sie sich ihre Schamhaare zu einem ca. 10 x 10 cm großen Rechteck schneiden und gelb färben lassen. Ergänzt wurde das Kunstwerk mit jeweils einem schwarzen B, rechts und links neben ihrer Vagina. Die Vagina selbst sollte offensichtlich das V in der Mitte darstellen, schien aber leicht missglückt zu sein, und Dr. Conrad wusste nicht, ob es ein V oder vielleicht doch ein O sein sollte. Um der Patientin aber nicht das Gefühl zu geben, sich intensiv mit ihrer Haarfarbe zu beschäftigen, machte er sich sofort an seine Arbeit und begab sich mit einem Untersuchungsgerät direkt in das Tor des BVB, wie er diese Untersuchung danach nannte. Im Stillen hörte er den Applaus der gegnerischen Mannschaft.

Nach den beiden Trends, sich die Haare entweder rasieren oder auch färben zu lassen, welche sich im Nachhinein also absolut harmlos erweisen sollten, dauerte es nicht lange, bis die ersten Frauen das Intim-Piercing für sich entdeckten, sich also Metallringe oder auch Stifte durch die Schamlippen stechen ließen. Längst war Schmuck im Intimbereich der Frauen keine Seltenheit mehr. Doch auch dieser Anblick war zunächst mehr als ungewöhnlich für Dr. Conrad und wieder fragte er sich, wie viel Schmerz die Frauen dafür auf sich nahmen. Vor allem aber, was in Gottes Willen sie daran schön fanden. Wäre es bei nur einem Stift oder einem Ring in einer der Schamlippen geblieben, ja, er hätte sich mit der Zeit damit arrangieren können. Bei einigen Patientinnen hatte er nach der Behandlung jedoch den Eindruck, dass sich die Anzahl ihrer Piercings seit der letzten Untersuchung verdoppelt, wenn nicht sogar verdreifacht hatte. Hier schien nichts, aber auch wirklich nichts unmöglich zu sein. Angefangen vom oberflächlichen Piercing am Venushügel, bis hin zum Stich durch die Klitoris oder paarweise Piercings durch die Schamlippen.

Um seine Patientinnen in der Rolle als Arzt auch bei diesem Thema besser beraten zu können, aber vor allem, um sich selbst einen Wissensvorsprung gegenüber seinen Patientinnen anzueignen, sah sich Dr. Conrad eines Tages gezwungen, dieses Thema intensiv zu recherchieren. Leider konnte er sich auch nicht daran erinnern, diesbezüglich irgendwelche Vorlesungen während seines Studiums gehabt zu haben. Doch wer konnte schon wissen, wann die erste seiner Patientinnen Infos zum Durchstechen ihrer eigenen Schamlippen von ihm haben wollte. Und auch hier staunte er während seiner Recherchen nicht schlecht, denn es gab die interessantesten Namensschöpfungen für die unterschiedlichen Piercings.

Eines davon hieß zum Beispiel *Christina*, oder auch *Catherine-Piercing*, welches ein Oberflächen-Piercing war, bei dem die Intimzone der Frau nur teilweise berührt wurde. Der Heilungsprozess beim Christina-Piercing war dagegen lang und konnte kompliziert sein, da die Position auf dem Schamhügel ständig in Bewegung war. Platziert wurde das Christina-Piercing von der oberen Falte der äußeren Schamlippen bis hin zum Schamhügel. Einen sexuellen Lustgewinn hatte dieses Piercing jedoch angeblich nicht.

Ein weiteres Piercing war das so genannte *Fourchette-Piercing*, welches dort platziert wurde, wo die inneren Schamlippen am unteren Ende zusammenlaufen, aber nur von sehr wenigen Frauen getragen wurde. Dies hatte jedoch nichts mit der Anatomie der Frau zu tun, sondern eher damit, dass es wie bereits beim Christina-Piercing, keinerlei Funktion beim Sex ausübte. Der entscheidende Grund war aber sicherlich der, dass es nicht weiter sichtbar war. Das Christina-Piercing konnte zumindest noch durchs Höschen blitzen und bei Männern die Phantasie auf Hochtouren bringen, vorausgesetzt, sie waren für Intimschmuck dieser Art empfänglich.

Auch das *Princess-Albertina* Piercing war für viele Frauen nicht das Bevorzugte. Sie empfanden es als unangenehm, was nicht verwunderlich war, wurde es doch direkt durch die weibliche Harnröhre gestochen. Frauen, die eine Stimulation der Harnröhre als angenehm empfanden, konnten sich durch ein *Princess-Albertina* Piercing jedoch einen weiteren positiven Reiz holen. Beim Stechen des Piercings oder während der Wundheilung war jedoch Vorsicht geboten, da es immer wieder zu verstärkten Harnwegsinfekten kam, welche letztlich irgendwann auf dem Stuhl von Dr. Conrad landeten und behandelt werden wollten.

Namensgeber für das Piercing war übrigens das männliche Pendant, das so genannte *PA-Piercing*, wobei das Kürzel PA interessanterweise für Prinz-Albert stand. Hier wurde von der Harnröhre ausgehend mit einer Venenverweilkanüle bis zur Unterseite des Penis gestochen. Dabei wurde die Nadel beim Einführen in die Harnröhre zunächst etwas in die Kanüle zurückgezogen. War die Kanüle richtig platziert, erfolgte der Stich durch das Vorschieben der Nadel. Die Kanüle mit Nadel musste dabei sorgfältig eingeführt werden, da bei einer Beugung der Kunststoffkanüle die Gefahr bestand, dass die Nadel beim Vorschieben die Kunststoffkanüle durchstach. Am Ende saß der Ring direkt auf der Eichel, was viele offenbar an die Krone eines Königs oder eben eines Prinzen erinnerte.

Was die Namensgebung betrifft, so hielten sich hier zwei Gerüchte seit Jahren sehr hartnäckig. Zum einen wurde gerade in der homosexuellen Szene behauptet, dass Prinz Albert von Monaco in den 1980ern einer der ersten Männer war, der sich ein Piercing durch die Harnröhre hatte stechen lassen. Bei dem Vergleich mit der Krone auf dem Kopf bedurfte es in Anlehnung an den Prinzen also nur wenig Phantasie, dieses Piercing nach *Prinz Albert* zu benennen.

Allerdings gab es da ja auch noch einen anderen Prinzen Albert. Den deutschen Prinz Albert von Sachsen-Coburg und Gotha, der im Jahre 1840 seine britische Cousine Viktoria, die zukünftige britische Königin, heiratete. Dieser wollte mit dem Ring angeblich die Vorhaut von der Eichel zurückhalten, um so zu verhindern, dass sich darunter Schmutz ansammelte oder Bakterien bildeten. Gerüchten zufolge wurde der Ring hierfür am Hosenknopf befestigt. Eine andere Variante war, dass sich der Prinz durch seinen Penis beim Tragen von Reithosen gestört fühlte und ihn so in eine weniger unangenehme Position bringen wollte. Es ist jedoch schwer, den Wahrheitsgehalt dieser eher unwahrscheinlichen Geschichten zu ermitteln.

Gab es bei den Männern also mehr oder weniger nur eine Stelle im Bereich der Eichel, wo das Piercing platziert werden konnte, hatten Frauen im Bereich ihrer Klitoris mehrere Möglichkeiten. Eines der wohl schmerzvollsten Piercings war das sogenannte *Klitoris-Piercing*, wobei es nur dann gestochen werden konnte, wenn bestimmte anatomische Voraussetzungen gegeben waren. Die meisten Klitoris-Piercings über die man spricht, sind Piercings durch die Klitoris-Vorhaut und nicht direkt durch die Klitoris. Hat die Klitoris eine ausreichende Größe und ist die bedeckende Vorhaut flexibel genug, kann ein Piercing auch direkt horizontal oder vertikal durch die Klitoris gestochen werden.

Das *Klitoris-Vorhaut-Piercing* ist eines der häufigsten Intim-Piercings bei Frauen, da der Schmuck direkt auf der Klitoris aufliegen kann und es beim Sex zu erhöhter Stimulation führt. Diesen Vorteil machen sich viele Frauen zunutze. Hierbei wird zwischen dem horizontalen (KVH) und vertikalen (KVV) Klitoris Vorhaut-Piercing unterschieden.

Durch verschiedene Schmucklängen kann bei der vertikalen Variante sehr detailliert ausprobiert werden, welche sich auf der Klitoris am angenehmsten trägt.

Ähnlich dem horizontalen Klitoris-Vorhaut-Piercings, aber dennoch ganz anders, ist das *Triangle-Piercing*, welches im Vergleich zum KVH unterhalb der Klitoris platziert wird. Dadurch liegt der Schmuck nicht permanent auf der Klitoris und stimuliert weniger. Das Piercing verlangt jedoch nach einem sehr erfahrenen Piercer und viel Vertrauen.

Die einfachste Art des Intim-Piercings bei der Frau ist sicherlich das *Schamlippen-Piercing,* welches bei fast jeder Frau möglich ist. Dabei unterscheidet man zwischen Schmuck für die äußeren und die inneren Schamlippen. Die meisten Patientinnen von Dr. Conrad, die ein solches Piercing trugen, waren interessanterweise immer in beiden äußeren oder beiden inneren Schamlippen gepierct und ließen diese paarweise stechen.

Ja, an Ideen, sich zu verschönern oder sich zu verändern, mangelte es einigen der Patientinnen von Dr. Conrad nicht. Jeder Arbeitstag in seiner Praxis war somit eine neue Herausforderung und konnte voller Überraschungen stecken. Gerade bei neuen Patientinnen ertappte er sich vor der Erstuntersuchung oft bei dem Gedanken, ob sie noch wie von Mutter Natur geschaffen waren, oder ob sie Mutter Natur inzwischen nachgeholfen hatten.

Doch egal, wie sich seine Patientinnen mit den Jahren auch verändert hatten, ob auf ganz natürliche Art oder eben durch bestimmte Eingriffe, er liebte seinen Beruf und somit auch seine Patientinnen, ganz gleich ob sie rasiertes oder gefärbtes Schamhaar hatten oder eben ein Piercing trugen. Der weibliche Körper war für ihn eine perfekte Schöpfung der Natur.

Ja, man kann es nicht anders sagen, im Laufe der Zeit bekam Dr. Conrad so einiges zu sehen. Nicht alles hat ihn geschockt oder verwundert, aber einiges konnte er sich, gerade zu Beginn seiner Karriere, nicht erklären und auch nicht nachvollziehen. Manchmal hätte er seinen Patientinnen aber am liebsten gesagt: *„Mensch Mädchen, was haste denn da nur gemacht!"*

Junge oder Mädchen?

Jeder kennt das: Wenn man krank ist, möchte man natürlich nur von dem besten Arzt oder der besten Ärztin behandelt werden. Steht gar eine Operation an, so sollte diese selbstverständlich vom Chefarzt selbst übernommen werden. Wie oft hört man bei Damenkränzchen, dass sich Frau XY natürlich nur vom Chefarzt operieren ließe, schließlich habe man dies beim Abschluss einer Zusatzversicherung so vereinbart und auch dafür bezahlt. Die wenigstens machen sich Gedanken darüber, dass auch der Chefarzt vor Jahren erst einmal studieren und auch er sein Handwerk danach Schritt für Schritt erlernen musste. Zunächst durch einfaches Zuschauen während einer Operation, später durch einfaches Assistieren, bis er irgendwann einmal selbst das Skalpell anlegen und erste Schnitte auf der Körperoberfläche machen durfte. Auch machen sich viele Patienten nicht bewusst, dass der Chefarzt einer großen Klinik oft nur noch mit administrativen Aufgaben beschäftigt ist, also mit trockener Büroarbeit. Er selbst hingegen legt das Messer nur noch selten an, wodurch einfach keine Routine aufkommen kann, bzw. vorhandene Routine verloren geht. Außerdem hat der Chefarzt für Operationen seine Ober- und Assistenzärzte, die ja auch irgendwann einmal das lernen müssen, was er selbst vor Jahren gelernt hatte. Auch wenn der Chefarzt neben den Patienten steht, und ihnen beruhigend ins Gesicht lächelt, während ihnen die Narkosemaske über die Nase gedrückt wird, heißt das noch lange nicht, dass dieser sie auch operiert. Dennoch ist das Vertrauen in Chefärzte riesig und zu Zeiten, in denen Dr. Conrad als Assistenzarzt gearbeitet hatte, galten Ärzte noch als *Götter in Weiß*, Chefärzte hingegen waren nicht nur Götter, sie standen unverrückbar auf Säulen aus Marmor und Granit. Auch der Chefarzt, bei dem Dr. Conrad Mitte der 1980er sein Handwerk erlernen durfte, erfreute sich seinerzeit großer Beliebtheit und jede schwangere Frau, die das Glück hatte, von ihm untersucht zu werden, schwebte auf Wolke Sieben.

Natürlich möchte jede Mutter zunächst einmal, dass sie ein gesundes Kind zur Welt bringt. Danach kommt irgendwann der Wunsch auf, das Geschlecht des Kindes zu erfahren, schließlich musste man wissen, ob man das Kinderzimmer in Blau oder doch besser in Pink ausstattete. Auch wenn Mütter in den meisten Fällen ein Mädchen, also eine kleine Prinzessin wollten und die Grundfarbe des Babyzimmers somit Pink sein würde, so wollte kein Vater dieser Welt seinen Jungen, für den der Fußball schon gekauft war, in einem pinken Zimmer großziehen. Gewissheit über das Geschlecht war also von Nöten und was bot sich da, um Klarheit zu schaffen, mehr an, als den Chefarzt zu fragen? Also vereinbarte man einen Termin für eine Ultraschalluntersuchung, danach hatte frau eine sichere Antwort auf die Frage, ob da gerade ein kleiner Bub oder doch ein kleines Mädchen in ihr heranwuchs. Sicher? Sagen wir mal so: Auch wenn eine Ultraschalluntersuchung gegen Mitte oder Ende der Achtziger Jahre in den meisten Fällen eine sichere Auskunft über das zu erwartende Geschlecht geben konnte, so war diese Untersuchung leider nicht immer hundertprozentig sicher. Ganz gleich, ob sie vom Assistenzarzt, dem Oberarzt oder eben dem Chefarzt höchst persönlich durchgeführt wurde. Und so passierte es schnell, dass ein kleiner Finger, ein Stück Nabelschnur oder auch nur ein ungünstiger Schatten der Nabelschnur aus einem süßen Mädchen einen kleinen Jungen machte. Natürlich wäre es ein Einfaches gewesen, der Patientin zu sagen, dass man das Geschlecht noch nicht genau bestimmen könne, doch von einem Chefarzt wurde schlicht erwartet, dass er einem ganz genau sagte, was da unterwegs war und wie man das Kinderzimmer planen musste, also: Pink oder Blau?

Die heikelste Fehldiagnose gab es hier sicherlich 1977 im schwedischen Königshaus. Damals war die aus Deutschland stammende Königin Silvia zum ersten Mal schwanger und somit fast dazu verpflichtet, einen Jungen zu gebären, schließlich galt es, die Thronfolge zu sichern. Alles schien wie im Bilderbuch zu verlaufen und die Hofärzte, denen wahrscheinlich die besten medizinischen Geräte zur Verfügung standen, hatten auf Ultraschallbildern längst erkannt, dass die Königin von Schweden einen Thronfolger in sich trug. Doch wie war das mit dem kleinen Finger oder einer ungünstig liegenden Nabelschnur? Am 14. Juli 1977 erblickte Kronprinzessin Viktoria von Schweden das Licht der Welt. Aus Viktor wurde kurzerhand Viktoria. Aus Blau wurde Pink. Aus einem Fußballspieler eine Prinzessin. In diesem Fall sogar eine echte.

Wenn sich also schwedische Ärzte von Königshäusern bei der Bestimmung des Geschlechts von Babys irren konnten, so kann man davon ausgehen, dass dies auch deutschen Ärzten passierte, ganz egal ob sie nun Kassen- oder Privatpatientinnen behandelten. Denn unabhängig von ihrer Position als Facharzt oder Chefarzt führten sie ihre Untersuchungen doch höchstwahrscheinlich mit denselben ihnen zur Verfügung stehenden Geräten durch.

Um solche unangenehmen Fehldiagnosen zu vermeiden, hatte sich der damalige Chefarzt, von dem Dr. Conrad lernen sollte, schon vor Monaten einen unglaublichen Trick einfallen lassen. Dieser Trick bestand schlicht und einfach aus einem kleinen Notizbuch, welches er akribisch führte. Und manchmal fragte sich Dr. Conrad, ob es nicht zu einem riesigen Ärzteskandal gekommen wäre, hätte er seinen eigenen Chefarzt damals bei der Ärztekammer angezeigt.

Der Trick seines Chefarztes war relativ einfach. Konnte er auf einem Ultraschallbild, welches zu dieser Zeit zugegebenermaßen qualitativ noch nicht so gut war wie heute, nicht ganz genau erkennen, ob seine Patientin nun einen Jungen oder ein Mädchen erwartete, so nannte er ihr das Geschlecht, das er für die wahrscheinlichste Option hielt. Dieses Geschlecht wurde auch in den offiziellen Unterlagen vermerkt. Da sich Dr. Conrads Chefarzt, wie bereits erwähnt, manchmal aber nicht sicher war, die Patientin aber eine hundertprozentige Bestimmung erwartete, kam nun sein kleines Notizbuch zum Einsatz.

Informierte er die Patientin zum Beispiel darüber, dass sie ein Mädchen erwartete, notierte er in seinem privaten Notizbuch genau das Gegenteil, also einen Jungen, inkl. Datum und Uhrzeit der Untersuchung. Gebar die Patientin dann tatsächlich ein Mädchen, so war alles in Ordnung und niemand würde unangenehme Fragen stellen. Gebar sie anstelle des erwarteten Mädchens aber einen Jungen, so war das Geschrei nach der Geburt groß, und zwar nicht nur bei dem Neugeborenen. Sprach die Patientin den Chefarzt nach der Geburt auf seine falsche Aussage an, so kam nun sein schauspielerisches Talent zum Einsatz. Nachdenklich nahm er sein kleines Notizbuch zur Hand, blätterte in den Seiten und murmelte in einer oskarverdächtigen Darbeitung, dass dies eigentlich nicht sein könne, bis er schließlich auf der richtigen Seite gelandet war. Nachdem er ein wenig in seinen eigenen Notizen gelesen hatte, begann er wie selbstverständlich zu nicken und zeigte der Patienten seinen Eintrag vom Untersuchungstag. Dort konnte sie nun höchstpersönlich lesen, was ihr behandelnder Chefarzt bereits vor Monaten handschriftlich in seinem Notizbuch festgehalten hatte. An dem und dem Tag gegen so und so viel Uhr notierte er, dass Patientin XY einen Jungen erwartete.

Diese Nachricht mussten die Mütter dann erst einmal verdauen. Wie konnte so etwas passieren? Hatten sie wirklich nicht ganz genau gehört, welches Geschlecht ihnen der Chefarzt vor Wochen mitgeteilt hatte? Doch auch hier war die passende und plausibelste Antwort nicht fern. Natürlich schob Dr. Conrads Chefarzt dies auf die Hormone der jeweiligen hochschwangeren Frau, und dass solche Verwechslungen in der Aufregung schon einmal passieren konnten. Im Grunde sei doch aber das Wichtigste, dass das Baby gesund sei, womit die Angelegenheit für den Chefarzt auch erledigt war, schließlich hatte er die Patientin nach bestem Wissen und Gewissen untersucht, aufgeklärt und informiert. Dass diese dann vor lauter Aufregung das Geschlecht ihres eigenen Babys vergaß oder durcheinanderbrachte, dafür konnte man den Chefarzt nun wirklich nicht zur Verantwortung ziehen.

Sicher, es waren nicht viele werdende Mütter, die sich so auf das falsche Geschlecht ihres Kindes vorbereiteten, dennoch verursachte diese Erfahrung bei Dr. Conrad ein eigenartiges Gefühl in Bezug auf die Glaubwürdigkeit ärztlicher Aussagen. Schließlich befand er sich gerade in der Ausbildung zum Facharzt, hatte höchsten Respekt vor seinem Chefarzt, von dem er in gewisser Weise auch abhängig war und ertappte sich bei dem Gedanken, wie er dieses Problem in Zukunft wohl selber angehen würde. Hätte er so viel Courage, seinen Patientinnen zu sagen, dass er das Geschlecht noch nicht bestimmen konnte, oder hätte er auch so ein kleines, handschriftlich geführtes Notizbuch?

Heute, fast vier Jahrzehnte später, konnte er guten Gewissens sagen, dass er zu keiner Zeit ein Notizbuch geführt habe, weder zu Beginn seiner beruflichen Karriere, noch später. Sofern er sich bei der Bestimmung des Geschlechts einmal unsicher war, so schenkte er seinen Patientinnen stets reinen Wein ein und bot ihnen zu einem späteren Zeitpunkt eine weitere Untersuchung an. Bis zum letzten Tag seiner beruflichen Laufbahn ging er so vor und ist rückblickend betrachtet froh darüber, nie anders gehandelt zu haben.

Dennoch muss er bei dem Gedanken an das kleine Notizbuch seines Chefarztes schmunzeln – was war dieser doch für ein einfallsreicher und gleichzeitig trickreicher Schlawiner gewesen.

Trinkgeld für Dr. Conrad!

Schon während seines Medizinstudiums war für Dr. Conrad klar, dass er während seines Berufslebens irgendwann einmal sowohl für ein paar Wochen ehrenamtlich für die Organisation *Ärzte ohne Grenzen* als auch ein paar Jahre im Ausland arbeiten wollte. Da er neben Englisch auch sehr gut Portugiesisch sprach, waren seine bevorzugten Ziele damals entweder London, Sydney, Lissabon oder Barcelona in Spanien, wo er mit Portugiesisch sicherlich auch sehr gut zurechtkommen würde. Letztlich verschlug es ihn im August 1999 für fast fünf Jahre nach Lissabon, wo er in der gynäkologischen Abteilung eines älteren Krankenhauses arbeitete. Bis auf ein paar Unterschiede zum deutschen Gesundheitssystem, glich die Arbeit mehr oder weniger der in einem deutschen Krankenhaus, und bereits nach wenigen Wochen war Dr. Conrad bestens eingearbeitet und integriert. Auch war er sowohl bei Patienten als auch bei Kollegen sehr beliebt und geschätzt und auch die wenigen Fachbegriffe aus der Gynäkologie, die ihm in sprachlicher Hinsicht zu Beginn noch fehlten, hatte er sich binnen weniger Wochen angeeignet.

Eine Besonderheit hatte das Krankenhaus aber dennoch zu bieten und unterschied sich in dieser Hinsicht von den Häusern oder Praxen, in denen er bislang in Deutschland tätig gewesen war, doch sehr. Da Lissabon nicht nur eine Hafenstadt, sondern auch ein beliebtes Reiseziel für Touristen aus aller Welt war, war sie gleichzeitig auch ein Magnet für Prostituierte aus aller Welt, die natürlich auch zu medizinischen Vorsorgeuntersuchungen mussten.

Bis 1962 schrieb der Staat solche Untersuchungen vor, gab es doch bis zu dieser Zeit ausschließlich konzessionierte Bordelle in Lissabon, was bedeutete, dass Prostituierte einer Registrierungspflicht unterlagen und sich somit regelmäßig auf Geschlechtskrankheiten untersuchen lassen mussten. Im Jahr 1963 verbot dann die Militärregierung jede Form von Prostitution, bis sie, zwanzig Jahre später, nach der Rückkehr Portugals zur Demokratie, zum 1. Januar 1983 wieder legalisiert wurde. Allerdings unterblieb die Wiedereinführung der Registrierungs- und Untersuchungspflicht. Unter Umständen konnten Prostituierte zwar wegen „Verstoßes gegen die öffentliche Moral" belangt werden, doch kamen solche Verfahren eher selten vor.

Eine große Rolle spielte in Lissabon die Straßenprostitution. Daneben wurden sexuelle Dienstleistungen aber auch in Bordellen, Nachtlokalen und Modellwohnungen angeboten. Heute arbeiten in der Hauptstadt Lissabon schätzungsweise etwa 6.500 Prostituierte. Auch wenn die Untersuchungspflicht und medizinische Vorsorge behördlich nicht mehr vorgeschrieben ist, so ließen sich viele der Damen des ältesten Gewerbes der Welt, jedoch regelmäßig freiwillig untersuchen. Und so kam es an manchen Tagen vor, dass 30 Prozent der Patientinnen von Dr. Conrad Prostituierte waren. Manchmal malte er sich aus, was passieren würde, wenn er in einer Praxis und nicht in einem Krankenhaus arbeiten würde. Eine so hohe Anzahl an Prostituierten würde andere Patientinnen sicherlich abschrecken. Aber wie hieß es so schön? Andere Länder, andere Sitten!

Dies zeigte sich gelegentlich auch während der Untersuchungen, die die Kollegen von Dr. Conrad bei Prostituierten vorgenommen hatten. Fast wöchentlich hörte er Geschichten von kleinen bis größeren Trinkgeldern, die diese von Prostituierten zugesteckt bekommen hatten. Zunächst wollte oder konnte er dies nicht glauben, nicht nur, weil ihm selbst noch nie ein Trinkgeld zugesteckt worden war, auch konnte er nicht so recht einordnen, was die Damen damit bezwecken wollten.

Gut, auch er hatte in Deutschland hin und wieder eine kleine Aufmerksamkeit von seinen Patientinnen bekommen. Dabei handelte es sich aber eher um Dinge wie eine Packung *Mon Cheri*, eine Flasche Wein oder ein Pfund Kaffee. Aber Bargeld? Das steckten die Patientinnen doch eher in das Sparschwein, welches auf der Theke der Anmelderezeption stand, und von dem sich seine Sprechstundenhelferinnen am Jahresende eine kleine Weihnachtsfeier finanzierten.

Dr. Conrad blieb also nichts anderes übrig als auf den Tag zu warten, an dem auch er sich über ein Trinkgeld freuen konnte. Dieses wollte er aber nicht in einer Bar auf den Kopf hauen, sondern in einem Bilderrahmen einrahmen und an die Wand hängen, ganz gleich wie viel oder wenig es auch sein würde.

Und tatsächlich, eines Tages, als ihn die Routine längst wieder im Griff hatte und das Thema Trinkgeld schon fast vergessen war, hatte es sich wieder eine Dame des horizontalen Gewerbes auf seinem Behandlungsstuhl bequem gemacht. Zwar hatte er die Patientin zuvor noch nie gesehen, geschweige denn einmal untersucht, doch nach so vielen Prostituierten, die er während seiner Zeit in Lissabon behandelt hatte, erkannte er inzwischen sofort, welchem Gewerbe sie nachging. Zudem war diese Patientin irgendwie anders. Nicht nur, dass sie bereits komplett entkleidet auf dem Stuhl saß – andere Patientinnen nahmen dort erst nach einem kurzen Vorgespräch und auf seine Aufforderung hin Platz – auch hatte sie ihre Beine bereits unnatürlich weit gespreizt, sodass sein Blick beim Betreten des Behandlungszimmers als erstes auf ihre rasierte Vagina und nicht in Richtung ihrer Augen ging, was ihm in gewisser Weise unangenehm war. Noch bevor er sie begrüßen konnte, streckte sie ihm ihre Hand entgegen und begrüßte ihn mit den Worten *„Bom dia, Senhor Doutor"*, was so viel wie *„Guten Tag, Herr Doktor"* hieß und sehr dominant auf ihn wirkte. Auch er begrüßte sie freundlich, und griff nach seinem kleinen Rollhocker. Der Patientenkarte hatte er bereits entnommen, dass die Dame vor ihm *Estefania Soares* hieß und noch bevor er sie fragen konnte, was sie zu ihm führte, fiel ihm sofort auf, dass sie auf dem Behandlungsstuhl geradezu perfekt Platz genommen hatte. Fast jede Frau saß zunächst zu hoch auf dem Stuhl, sodass er sie bitten musste, weiter runter zu rutschen, was die Untersuchung sowohl für ihn als auch für die Patientin leichter und angenehmer machte. Frau Soares jedoch saß perfekt, auch wenn er sich nach wie vor einbildete, dass sie ihre Beine einen Hauch zu weit gespreizt hatte, so, als wolle sie ihm ihre rosafarbenen Schamlippen regelrecht schmackhaft machen. *Ein echter Profi* schoss es ihm durch den Kopf, nichtsahnend, was sie ihm in wenigen Augenblicken noch alles präsentieren würde.

Nachdem sie ihm ihre Beschwerden erklärt hatte, stand für Dr. Conrad fest, dass er eine vaginale Sonografie bei ihr durchführen musste, also eine vaginale Ultraschalluntersuchung mittels eines stabförmigen Schallkopfes, den er in ihre Vagina einführen musste. Nachdem Dr. Conrad den Ultraschall-Scanner eingerichtet und sich mit seinem Rollhocker in Position gebracht hatte, begann er sogleich mit der Untersuchung. Mit seiner linken Hand bediente er den PC-artigen Ultraschall-Scanner, während er mit seiner rechten, den Ultraschallstab langsam in die Vagina von Frau Soares einführte. Sofort gab sie ein leichtes, kaum hörbares Stöhnen von sich und drehte ihren Kopf ruckartig zur linken Seite, wodurch ihre langen, dunklen Haare über ihr Gesicht fielen. Dann drehte sie den Kopf auf die andere Seite, hob ihren linken Arm, um sich die Haare aus dem Gesicht zu streichen. Erneut stöhnte sie so leise, dass es schien, als sei ihr Stöhnen nur für Dr. Conrad hörbar und auch nur für ihn bestimmt.

Unbeeindruckt von diesem Schauspiel führte Dr. Conrad seine Untersuchung professionell fort, auch wenn er sich etwas verunsichert fragte, ob sie ihm in gewisser Weise Avancen machte. Falls ja, so durfte und wollte er als Arzt auf keinen Fall darauf eingehen, obgleich er die ganze Situation zugegebenermaßen erotisch und erregend empfand. Nie zuvor in seiner beruflichen Laufbahn hatte sich ihm eine Patientin so schamlos präsentiert und zugleich angeboten.

Kurz bevor Dr. Conrad die Untersuchung abgeschlossen hatte und den Ultraschallstab wieder aus Frau Soares´ Vagina ziehen wollte, spürte er plötzlich ihre linke Hand an seiner rechten, die immer noch den Ultraschallstab umfasste. Irritiert und von der Untersuchung zugleich abgelenkt schaute er auf seine Hand, die kurz davor war, die Schamlippen von Frau Soares zu berühren und von ihrer Hand umfasst wurde. Nun ging alles ganz schnell. Dr. Conrad bildete sich ein, so etwas wie ein knisterndes Stück Papier an seiner Hand zu spüren und es schien, als wollte Frau Soares ihm dieses in seine Hand drücken. Nun schoss ihm wieder das Thema *Trinkgeld* durch den Kopf, offenbar wollte ihm seine Patientin noch während der Untersuchung Geld zustecken. Doch wie hatte sie dieses die ganze Zeit unbemerkt in ihrer Hand verstecken können, hatte sie ihm bei der Begrüßung nicht die Hand gegeben? Wie in Trance öffnete er seine Hand so, dass er den Ultraschallstab einerseits immer noch unter Kontrolle behielt, Frau Soares ihm aber zeitgleich den scheinbaren Geldschein zustecken konnte. Kaum hatte er das Gefühl, das Geld fest in seiner Hand zu halten, umfasste diese den Stab wieder komplett und Dr. Conrad zog ihn vorsichtig aus Frau Soares´ Vagina heraus, was sie erneut zu einem leisen Stöhnen veranlasste.
Noch bevor er den Stab auf der kleinen Ablage vor dem Monitor abgelegt hatte, bat er sie, sich aus dem Untersuchungsstuhl zu erheben und wieder anzuziehen. Während sie seiner Bitte nachkam,

öffnete er, immer noch auf dem kleinen Stuhl sitzend, seine Hand, zu groß war die Neugier darüber, wie viel Geld sie ihm gerade zugesteckt haben mochte. Während er seine Faust öffnete, registrierte er, dass Frau Soares nun direkt vor ihm stand und keine Anstalten machte, sich wieder anzuziehen. Stattdessen strich sie mit ihren Händen von oben an ihren Oberschenkeln herab, so, als wollte sie Schmutz von ihrer Hose abstreichen, ohne eine Hose anzuhaben. Dies machte sie so geschickt, dass sich auch ihre beiden Schamlippen aneinander rieben. Das alles spielte sich nur wenige Zentimeter vor dem Gesicht von Dr. Conrad ab, dem die ganze Situation inzwischen zu heiß wurde. Sofort stand er auf, ging einen halben Meter zurück und erblickte in seiner geöffneten Handfläche ein Stück Papier, das alles übertreffen sollte, was er je erwartet hätte. Von wegen Trinkgeld! Statt eines Zehn- oder Zwanzig-Euroscheins hatte Frau Soares ihm einen Zettel mit ihrer Telefonnummer zugesteckt. Und das alles ausgerechnet in dem Moment, als er mit einem Ultraschallstab in ihrer Vagina steckte.

Unglaublich! So viel Dreistigkeit konnte Dr. Conrad nicht fassen. Was, um Himmels Willen, sollte er mit ihrer Telefonnummer, fragte er sich und völlig automatisch auch Frau Soares. Unverblümt erklärte sie ihm, dass sie sich vorstellen könne, dass es bestimmt Abende gäbe, an denen er sich einsam fühlte, schließlich sei er doch in einer großen, fremden Stadt. Nun, da er ja um ihre Vorzüge wisse, würde sie sich freuen, wenn er sie einmal anrufen würde. Für ihn habe sie immer einen Termin frei.

Dr. Conrad konnte nicht glauben, was er da hörte. Den Zettel mit ihrer Telefonnummer immer noch in seiner Hand, gab er ihr das Untersuchungsergebnis, erinnerte an die Vergabe eines neuen Termins, bat aber darum, dass sie diesen das nächste Mal besser bei einem seiner Kollegen vereinbaren möge. Danach verabschiedete er sich von ihr und verließ das Behandlungszimmer.

Hätte Dr. Conrad geraucht, so wäre genau jetzt der Zeitpunkt gewesen, um eine Raucherpause einzulegen. Was hatte er da gerade erlebt? War das alles nur ein Traum oder doch real?

Es war real. Eine Prostituierte hatte ihm kein Trinkgeld, sondern ihre Telefonnummer gegeben und die Untersuchung offenbar auch dafür genutzt, um ihn als neuen Kunden zu gewinnen. Klar, er kannte ja nun ihren *Verkaufsraum*, oder anders gesagt, ihr *Büro*! Ohne Umschweife hatte sie ihm ihr Angebot präsentiert, und gleichzeitig einen tiefen Blick in ihren *Showroom* gewährt.

Bislang war Dr. Conrad nur den Besuch von Pharmareferenten gewohnt, die ihn regelmäßig besuchten, um ihm neue Medikamente, Spiralen oder sonstiges vorzustellen, immer in der Hoffnung, dass er die neuen Produkte im Anschluss bestellen und seinen Patientinnen verschreiben würde. Dass nun aber schon Prostituierte in seine Sprechstunde kamen, um ihre Dienste anzubieten, war gänzlich neu für ihn. Doch wie gesagt: Andere Länder, andere Sitten!

Wer ist der König?

Im Januar 2004, Dr. Conrad war inzwischen wieder zurück aus Lissabon und arbeitete in einem Hamburger Krankenhaus, war er an einem Samstag für einen 24-Stunden-Dienst eingeteilt, der von 8:00 Uhr morgens bis zum nächsten Morgen um 8:00 Uhr dauern sollte. Dr. Conrad hasste solche Nachtdienste schon seit Beginn seines Studiums, da sie, obwohl sehr gut bezahlt, seinen Biorhythmus gänzlich durcheinander brachten. Ihm lag die Arbeit in einer niedergelassenen Praxis einfach mehr, denn neben einer geregelten Arbeitszeit kam er auch in den Genuss sämtlicher Feiertage und auch die Wochenenden konnte er nach seinem Gusto planen.

Dennoch, am dritten Samstag im Januar 2004 war Dr. Conrad für den Nachtdienst eingeteilt. Dieser lag ausgerechnet auf dem Samstag, an dem der Fernsehsender RTL das Finale seiner neuen Sendung *Ich bin ein Star, holt mich hier raus!*, heute besser bekannt unter dem Kürzel *Dschungelcamp*, übertrug. Auch wenn die Medien fast täglich über dieses Format berichteten, so hatte Dr. Conrad es persönlich nie gesehen, wurde aber meist durch Freunde oder Kollegen über die neuesten Entwicklungen auf dem Laufenden gehalten. So wusste er, wer alles ins Camp eingezogen war, was die Kandidaten essen mussten oder wer am vergangenen Abend rausgewählt worden war, beziehungsweise zu wenig Anrufe bekam, um weiter im Camp bleiben zu können. Durch diese ungewollte Berichterstattung hatte er irgendwo in seinem Gehirn gespeichert, dass heute, während er seinen Nachtdienst hatte, der RTL-Dschungelkönig oder die RTL-Dschungelkönigin gekürt werden sollte. Zur Auswahl standen wohl *Costa Cordalis*, *Lisa Fitz* und *Daniel Küblböck*.

Zu Beginn seines Dienstes konnte er nicht ahnen, dass ihn diese Wahl nur wenige Stunden später zu der Erkenntnis kommen ließ, dass es manchmal, natürlich nur zum Wohle des Kindes, wirklich besser wäre, wenn bestimmte Frauen eben keine Babys bekamen.

Zunächst war es ein Dienst wie jeder andere auch. Für die heutige Schicht waren insgesamt zwölf Geburten geplant, und sofern es sich Mutter Natur nicht anders überlegt hatte, würde er alle zwei Stunden einem neuen Bundesbürger dazu verhelfen, unbeschadet das Licht der Welt zu erblicken. Bis zum späten Nachmittag war ein gutes Drittel der errechneten Geburten abgearbeitet, sofern also keine Notfälle mehr aufgenommen wurden, bedeutete dies, dass noch 16 Stunden mit acht Geburten vor ihm lagen. Mit etwas Glück würden zwei oder drei Babys in relativ kurzen Abständen entbunden werden, und wenn andere Babys es wiederum nicht ganz so eilig hatten, bedeutete dies, dass er sich am frühen Abend für ein paar Stunden im Ärztezimmer ausruhen und versuchen konnte, zu schlafen.

Aus diesem Wunschdenken wurde er jedoch gegen 19:00 Uhr gerissen. Zu dieser Zeit suchte ein junges Pärchen die Klinik auf und von der diensthabenden Schwester erfuhr er, dass die junge Frau angegeben hatte, in der zweiunddreißigsten Schwangerschaftswoche zu sein und dass sich ihr Baby seit mindestens zwei Tagen nicht mehr bewegt hatte.

Bei solchen Informationen läuten bei einem Arzt natürlich sofort alle Alarmglocken. Hatte die Mutter das Gefühl, ihr Baby würde sich nicht mehr bewegen, konnte dies natürlich mehrere Gründe haben. Das Naheliegendste war, dass das Baby einfach nur schlief. Jedoch musste man auch davon ausgehen, dass eine werdende Mutter, die bereits in der zweiunddreißigsten Schwangerschaftswoche war, ein Gespür dafür hatte, wann ihr Baby schlief und wann es wach war. Doch genau hier zweifelte Dr. Conrad bei der jungen Frau. Nicht nur, dass sie einen ungepflegten Eindruck auf ihn machte und sich eine Zigarettenpackung in der Brusttasche ihrer

Jacke abzeichnete, auch ihre männliche Begleitung, vermutlich der Vater des Kindes, gab ihm nicht das Gefühl, dass hier ein Bilderbuchelternpaar vor ihm stand. Vielmehr erinnerte ihn das Erscheinungsbild ihres Begleiters an den Türsteher eines dubiosen Hinterhofclubs. Sein Kopf wirkte so groß und rund wie eine Bowlingkugel, und selbstverständlich schmückte ihn eine Glatze. Während beide auf ihn zugingen, zog der junge Mann seine Bomberjacke aus, sodass seine Größe von circa 190 cm noch deutlicher zum Vorschein kam. Sein Oberkörper zeichnete sich unter seinem kurzärmeligen, hautengen T-Shirt ab, war vollbepackt mit Muskeln und Dr. Conrad zweifelte daran, dass diese durch jahrelangen Sport aufgebaut wurden, sondern eher in kürzester Zeit durch verbotene Substanzen.

Nachdem ihm die Patientin noch einmal alles genau erklärt hatte, konnte er nach der anschließenden Untersuchung nur noch den Tod des Babys diagnostizieren, was bestätigte, dass die werdende Mutter mit ihrer Vermutung Recht behalten sollte. Somit blieb ihm nichts anderes übrig, als dem Paar schonend zu erklären, dass die Geburt des toten Kindes noch am selben Abend medikamentös eingeleitet werden musste. Da man nicht genau sagen konnte, wie lange das Baby schon tot war, konnte so verhindert werden, dass sich Giftstoffe in der Gebärmutter bildeten und im schlimmsten Fall auch noch die Mutter in Gefahr brachten. Ohne sich nach dem genauen Ablauf eines solchen Vorgangs zu erkundigen und große emotionale Reaktionen darüber, dass ihr Kind tatsächlich tot war, schaute sie sofort auf ihre Armbanduhr und wollte wissen, wann die Geburt eingeleitet werden sollte und wie lange so etwas dauern würde. Etwas verwundert über so viel Kälte und für seinen Geschmack pietätlose Ausdrucksweise, erklärte ihr Dr. Conrad, dass sie zunächst stationär aufgenommen werden würde und ihr die Schwestern in der nächsten Stunde die entsprechenden Medikamente verabreichen würden. Bei dieser Information bemerkte er sofort die auf ihn genervt wirkende Reaktion ihrer Begleitung. Auch dem Freund schien nicht zu gefallen, was er gesagt hatte, und so erkundigte er sich, ob sie vorher vielleicht noch ihre Mutter oder andere Angehörige benachrichtigen wollte, wofür sie natürlich die Zeit bekommen würde. Die nachfolgende Antwort sollte Dr. Conrad für den Rest seines Lebens nicht mehr vergessen. *Nein, nein* antwortete sie ihm, anrufen wolle sie niemanden, nur würde in wenigen Minuten das Finale des RTL-Dschungelcamps starten, welches sie unbedingt sehen wolle und auf gar keinen Fall verpassen dürfe, schließlich habe sie in den letzten zwei Wochen jede einzelne Folge gesehen, und dass sie nun ausgerechnet das Finale verpassen sollte, schien ihr mehr auszumachen als die Tatsache, dass sie ein totes Kind in sich trug.

Dr. Conrad verschlug es die Sprache, und noch bevor er ihr antworten konnte ergänzte sie, dass man ihr die Medikamente ja auch erst gegen Mitternacht geben könne, also nachdem feststünde, wer Dschungelkönig geworden sei.

Bemüht, dieser jungen Frau, die keinerlei Gefühle zeigte und offensichtlich überhaupt nicht traurig darüber war, dass ihr Kind tot war, nicht gehörig die Leviten zu lesen, erklärte ihr Dr. Conrad nun ebenfalls völlig emotionslos, dass sie sich in einer Großklinik befände, in der man bei Geburten oder Operationen leider nicht auf das aktuelle Fernsehprogramm von RTL Rücksicht nehmen, sie aber gerne in eine andere Klinik fahren könne, wovon er ihr jedoch abriete.

Er bildete sich ein, ein leicht verärgertes Schnauben zu hören, so, als hätte man seiner 16-jährigen Tochter gerade mitgeteilt, dass sie leider nicht auf die Pyjamaparty ihrer besten Freundin gehen dürfe und schluckte auch diese Reaktion professionell herunter. Innerlich kochte er, am liebsten hätte er der Frau neben ihrem toten Baby

auch gleich noch ihre Gebärmutter mit herausoperiert. Solche ver-
antwortungslosen Frauen sollten einfach keine Kinder bekommen!
Diese Einstellung hatte sich in all den Jahren schon lange in seinem
Kopf gebildet, und diese Frau bestätigte all seine Klischees. Doch
als wäre dies noch nicht genug der verbalen Entgleisungen,
Dummheit und Gefühlslosigkeit gewesen, nach der Geburt sollte es
noch viel schlimmer kommen.

Um kurz nach Mitternacht war alles überstanden, die junge Frau
hatte einen toten Jungen geboren und von ihrem Freund war weit
und breit nichts zu sehen. Während Dr. Conrad zusammen mit einer
Schwester die in einem Bett liegende Patientin über die langen Flu-
re in Richtung ihres Zimmers schoben, sagte er zu sich selbst, dass
der Freund der Patientin wohl gerade vor einem Hamburger Club
für Ordnung sorgen oder gemütlich zuhause sitzen würde, um RTL
zu schauen. Dinge, die offensichtlich wichtiger waren, als die eigene Freundin zu unterstützen. Doch bei diesem Paar wunderte ihn
überhaupt nichts.
Kurz bevor sie das Zimmer der Patientin erreichten, öffnete sie ihre
Augen, stöhnte etwas, und da Dr. Conrad am Kopfende des Bettes
stand, trafen sich ihre Blicke. Gewohnheitsbedingt sprach er ein
paar beruhigende Worte zu ihr und beendete diese mit der Information, dass sie alles gut überstanden habe und sich nun einfach nur
ausruhen und versuchen solle zu schlafen.
Offenbar hatte sie etwas auf dem Herzen und stellte eine Frage in
seine Richtung. Geschwächt, aber mit kräftiger Stimme und sich
kaum bewegenden Lippen, wollte sie wissen, wer es denn nun geworden sei?
Sicher, sie hatte gerade ihr totes Kind geboren, war schwach und
sprach deshalb etwas undeutlich, sicherlich wollte sie nicht fragen,
wer es denn nun geworden war, sondern *was*, also Junge oder Mäd-

chen. Dr. Conrad freute sich, offensichtlich zeigte sie plötzlich doch Muttergefühle und wollte wenigstens wissen, ob sie einen Jungen oder ein Mädchen bekommen hatte. Unlogisch erschien ihm nur, dass man ihr dies nicht schon vor Wochen nach einer Ultraschalluntersuchung mitgeteilt hatte. Oder war sie eine der wenigen Mütter gewesen, die sich vom Geschlecht ihres Babys hatte überraschen lassen wollen? Plötzlich verspürte er aufgrund seiner anfänglichen bösen Gedanken ihr gegenüber ein schlechtes Gewissen, war er vielleicht zu hart mit ihr ins Gericht gegangen? Um sein Gewissen zu beruhigen, beugte er sich ein wenig zu ihr herunter. Langsam, mit klarer und deutlicher Stimme, antwortete er, dass sie einen süßen Jungen mit dunklen Haaren auf die Welt gebracht habe und er ihn gleich in ihr Zimmer bringen werde, damit sie ihn einmal sehen und sich verabschieden könne.

Es kam was kommen musste: Dass sie einen Jungen zur Welt gebracht hatte, interessierte sie überhaupt nicht und Dr. Conrad erkannte, dass zwischen ihrer Frage und seiner Antwort Welten lagen. *Nein nein*, sagte sie so, wie sie es bereits am frühen Abend schon einmal getan hatte. Noch einmal nahm sie all ihre Kraft zusammen und wiederholte ihre bereits gestellte Frage, nur dass sie dieser am Ende zwei entscheidende Wörter hinzufügte:

Wer ist es denn nun geworden, der Dschungelkönig?

Sex lass nach

Während Dr. Conrads jahrelanger Tätigkeit als Gynäkologe musste er immer wieder feststellen, dass er all zu oft auch als Psychologe zum Einsatz kam, ob er nun wollte oder nicht. Ging es beim Erstellen einer Diagnose zum Beispiel um kleinere oder größere Verletzungen wie Risse im Vaginalbereich, so benötigte er gelegentlich auch Informationen über ausgeübte Sexpraktiken seiner Patientinnen. Hier war es immer wieder erschreckend für ihn, zu erfahren, mit welcher Brutalität sich einige Männer während des Geschlechtsverkehrs an den Frauen vergingen, ohne auch nur das geringste Feingefühl dafür zu entwickeln, welchen Schmerz sie ihnen dabei zufügten. Leider spielte es hier auch keine Rolle, in welchem Verhältnis der auserwählte Sexpartner zur Frau stand. Nicht nur sogenannte Fuckbodys, Discobekanntschaften, One-Night-Stand-Kandidaten oder spontane U-Bahn-Eroberungen tobten sich ohne Rücksicht auf Verluste auf oder besser gesagt, in den Frauen aus. Selbst langjährige Ehemänner, von denen man eigentlich erwarten sollte, dass sie wüssten, wie sie nicht nur sich selbst, sondern auch ihre Ehefrauen befriedigten, hatten keine Vorstellungen davon, was sie ihren Frauen eigentlich gerade antaten. So verwunderte es ihn auch nicht, dass einige Patientinnen längst keine Lust mehr auf den ehelichen Beischlaf verspürten. Dieser wurde mit zunehmender Zahl an Ehejahren, in manchen Fällen auch mit zunehmender Zahl an Körpergewicht bei einem der beiden Ehepartner, meist ohnehin nur noch selten praktiziert. Einige seiner Patientinnen hätten inzwischen sogar am liebsten gänzlich auf dieses Ereignis verzichtet, ganz gleich, ob es sich nur noch einmal pro Monat oder nach noch längeren Pausen abspielte. Nicht selten kam es vor, dass je länger sich eine sexfreie Zeitspanne entwickelte, einige Patientinnen sogar voller Hoffnung waren, ihre Ehemänner hätten das Verlangen nach

Sex nun gänzlich verloren oder würden ihren Druck wo anders abbauen. Immer wieder hörte Dr. Conrad in seinen Sprechstunden, dass Ehefrauen in reiferen Jahren nichts gegen eine Geliebte ihres Mannes hatten. Seltsam schien ihm allerdings, dass der Mann die Geliebte zwar für den sexuellen Druckabbau nutzen durfte, abends aber gefälligst wieder zuhause sein sollte. Die Gründe hierfür waren sehr unterschiedlich, entweder, um einfach nur im ehelichen Bett zu schlafen, vorausgesetzt, man hatte nicht schon vor Jahren getrennte Schlafzimmer eingerichtet, oder einfach nur aus dem praktischen Grund, den Nachbarn keinen Anlass für Gerüchte zu liefern.

Hatten einige der Patientinnen aber einen Ehemann, der einfach nicht merken oder wahrhaben wollte, dass seine Frau keine Lust mehr auf Sex verspürte, jedenfalls nicht mit ihm, sich aber nicht traute, ihrem Mann dies zu sagen, musste sie den Akt wohl oder übel über sich ergehen lassen. Hier konnten die betroffenen Gattinnen nur hoffen, dass der Mann schnell zum finalen Abschuss kam, oder sie mussten geschickt nachhelfen und im wahrsten Sinne des Wortes selbst Hand anlegen.

Natürlich wollten einige Frauen ihren Männern auch deshalb nicht die Wahrheit über ihre erloschene Sexlust erzählen, weil sie ihre Männer schlicht und einfach liebten und es als ihre Pflicht ansahen, ihre Männer sexuell zu befriedigen, ganz gleich ob sie selbst auch Lust verspürten oder nicht. Sie hatten sich ganz einfach arrangiert und mit der Tatsache abgefunden. Irgendwann würde Mutter Natur schon dafür sorgen, dass auch die Lust oder Standfestigkeit des Mannes nachließe, so die hoffnungsvolle Theorie einiger Ehefrauen. Bis dahin hieß es einfach *Augen zu und durch*.

Eine seiner Patientinnen erzählte Dr. Conrad regelmäßig und voller Stolz, welche raffinierte Taktik sie inzwischen entwickelt hatte, um ihren Mann glücklich zu machen.

So hatte dieser ganz spezielle Ehemann in den Jahren eine Vorliebe für die so genannte *Doggy-Stellung* entwickelt, also jene Stellung, bei der sich die Frau wie ein Hund auf allen Vieren vor ihrem Mann positioniert und dieser dann ganz bequem von hinten in sie eindringen konnte. Auch wenn sie selbst diese Stellung nicht gerade favorisierte, so war sie doch schon froh darüber, dass sich ihr Mann in dieser Position nur mit ihrer Vagina vergnügte und während des Aktes nicht ausversehens in die anatomisch sehr naheliegende Etage höher abrutschte und im schlimmsten Fall sogar noch Gefallen daran fand. Wie oft hatte sie davon gehört oder gelesen, dass Männer ihre Frauen in dieser Position gerne einmal anal „verwöhnen" würden! Bei dieser Vorstellung schauderte es sie, und sie bezweifelte stark, dass dies für die Frau angenehm sein konnte. Ihrer Ansicht nach war dies wieder nur ein reines Männervergnügen. Auch wäre sie nie auf den Gedanken gekommen, sich auf solche Praktiken mit einem Analdehner vorzubereiten, nur damit ihr Mann mehr Spaß hatte. Wie sollte das auch funktionieren? Bekam man solche Dinge etwa auf Rezept und erzählte zunächst der Hausärztin von den Wünschen des Ehemanns, oder ging man ganz einfach in die Apotheke und sagte dem Apotheker geradeaus ins Gesicht, dass der Gatte daheim einen gerne von hinten begatten wollte, woraufhin dieser einem den Analdehner dann vor den Augen der anderen Kunden auf die Ladentheke legte?

Nein, nein, sollte sich ihr Mann ruhig mit den derzeit ihm zur Verfügung stehenden Möglichkeiten abfinden, nie würde sie solch einen Ehehygieneartikel, wie er in 1960ern von *Beate Uhse* genannt wurde, kaufen. Sicher, da war auch noch die Möglichkeit des Internets, aber was, wenn sie bei der Zustellung des Pakets, was sicherlich recht klein ausfallen würde, gerade nicht zuhause wäre, ihr Mann es in Empfang nehmen und im schlimmsten Fall noch öffnen würde?

Nein, sofern ihr Mann bereits eine Geliebte hatte, so sollte sie ihm doch diesen einen, ganz speziellen Wunsch erfüllen, sie selbst bot ihrem Mann bereits die Möglichkeit der Doggy-Position, was in ihren Augen mehr als ausreichend, beziehungsweise befriedigend für ihren Mann sein sollte.

Sie erinnerte sich noch gut daran, wie sie ihr Mann eines Nachts während des Aktes in diese für sie neue, und nie zuvor ausprobierte Position drehte, dabei hatte ihm doch jahrelang die klassische Missionarsstellung ausgereicht! Kam sie sich zunächst etwas unsicher und auch benutzt vor, so lernte sie im Laufe der Zeit auch die vielen Vorteile dieser Position schätzen. Was ihr jedoch am meisten zusagte, war, dass ihr Mann ihr während des Aktes nicht mehr direkt ins Gesicht schauen und so ihre mit den Jahren etwas schlaff gewordene Gesichtshaut nicht sehen konnte. Diese war ihr eines Tages aufgefallen, als sie ihren kleinen Handspiegel auf den Tisch legte um ihr Gesicht darin zu betrachten. Nie würde sie den Anblick ihres völlig verquollen aussehenden Gesichtes vergessen.

Bei der Vorstellung, dass ihr Mann beim Sex auf dem Rücken liegen und sie auf ihm reiten würde, so, wie sie es früher oft getan hatten, und dann mit ihren Lippen zu den seinen wanderte, um ihn zu küssen, erschrak sie. Sicherlich würde auch ihr eigener Ehemann vor ihrer immer länger werdenden Gesichtshaut erschrecken, während sie sich langsam zu ihm herunter beugte. An diesem Tag beschloss sie, ihrem Mann von nun an nur noch in der klassischen Missionarsstellung zur Verfügung zu stehen. Doch dies sollte ihm, wie bereits geschildert, irgendwann nicht mehr reichen, und so begann die Zeit der Doggy-Position.

Nachdem sie sich mit der neuen Situation arrangiert hatte, längst hinterfragte sie nicht mehr, wie ihr Mann überhaupt auf die Idee gekommen war, diese auszuprobieren, sah sie neben ihrer nicht mehr sichtbaren, erschlafften Gesichtshaut auch viele andere Vorteile.

Während ihr Mann seinen Aktivitäten nachging, die je nach Tagesform mal kürzer, dann wieder etwas länger dauern konnten, konnte sie hervorragend abschalten und ihren eigenen Gedanken nachgehen. Angefangen hatte alles in der Zeit, als sie noch einen Videorecorder in ihrem Schlafzimmer stehen hatten und ihr Mann sie in der Doggy-Stellung so positioniert hatte, dass ihre Blickrichtung während des Aktes genau auf die Uhr des Recorders gerichtet war. Irgendwann einmal merkte sie sich die Uhrzeit, zu der ihr Mann sie in die für ihn günstige Position gebracht hatte und die für sie sozusagen das Startzeichen war. Damals war es genau 19:48 Uhr und sofern ihr Mann in den nächsten zehn Minuten zum großen Showdown kam, würde sie mit etwas Geschick pünktlich um 20:00 Uhr auf der Couch im Wohnzimmer sitzen, um die ARD-Tagesschau zu sehen. Dies war aber auch nur deshalb möglich, weil sie und ihr Mann nach dem Akt schon lange keine weiteren Zärtlichkeiten mehr austauschten. Jeder ging danach seiner eigenen Wege. Während er relativ schnell im Bad verschwand, um sich zu waschen, kontrollierte sie sofort das Bettlaken auf eventuelle Flecken. Sofern diese vorhanden waren, wechselte sie schnell das Laken und erfreute sich danach an der frischen Wäsche für die bevorstehende Nacht. Gelegentlich kam es aber auch vor, dass sie die Bettlaken bereits tagsüber gewechselt hatte, nicht wissend, dass ihr Mann noch am selben Abend sexuelle Lust empfand. Hätte sie dies vorher gewusst, so hätte sie das Wechseln der Bettlaken herausgezögert. In solchen Dingen war sie einfach eine zu praktisch veranlagte Hausfrau.

Aber auch sonst brachte die Doggy-Position stets neue Erkenntnisse. Brauchte ihr Mann wieder einmal länger als gewöhnlich, so ertappte sie sich dabei, wie sie ihren Haushaltsplan gedanklich durchspielte, vergaß aber nicht, regelmäßig ein kleines Stöhnen von sich zu geben, schließlich sollte ihr Mann ja nicht merken, dass sie gedanklich gerade ganz woanders war.

Während ihr Mann also mit seinen rhythmischen Bewegungen begann, scannten ihre Augen das ganze Schlafzimmer ab, um nach Arbeiten zu suchen, die längst hätten erledigt werden müssen. Manchmal war sie selbst darüber erstaunt, was sie da alles entdeckte und wo sie ihren Aufgaben als Hausfrau offensichtlich schon lange nicht mehr nachgekommen war. Mal sah sie, dass die kleine Zimmerpflanze auf der Fensterbank längst hätte umgetopft werden müssen, was sie in den nächsten Tagen sofort nachholen wollte, dann entdeckte sie kleine Wollmäuse in der Ecke, die auf dem dunklen Parkettfußboden doch sehr unschön wirkten und beschloss sofort, dass sie diese gleich im Anschluss mit dem alten Bettlaken entfernen konnte, sofern sie dies wieder wechseln musste. Gelegentlich wanderten ihre Augen auch wieder in Richtung Videorecorder, denn längst hatte sie es sich zur Gewohnheit gemacht, sich die Startzeit ihrer ehelichen Aktivitäten zu merken. Bei der von ihr ermittelten durchschnittlichen Stoßzeit von fünf bis sieben Minuten, die ihr Mann für gewöhnlich benötigte, konnte sie auf diese Weise abschätzen, wie viel Zeit sie noch durchhalten, beziehungsweise, wann sie ihre Haushaltsplanungen abschließen musste.

Solche Geschichten hörte Dr. Conrad regelmäßig. Doch auch wenn diese teilweise belustigend waren, so ertappte er sich im Anschluss dabei, das Sexualleben mit seiner eigenen Ehefrau zu überdenken. Hatte er sie auch mal in die Doggy-Position gedreht, ohne dass sie diese je zuvor praktiziert hatten? Wechselte seine Frau nach dem Sex auch sofort die Bettwäsche oder wünschte sie sich sogar ebenfalls, dass er eine Geliebte hätte, gleichzeitig aber froh wäre, wenn er abends wieder neben ihr einschlafen würde? Wie oft hatte er sich vorgenommen, sie einmal nach Feierabend auf ihrer beiden Liebesleben anzusprechen, hatte es dann aber doch nicht getan.

Vorglühen 2.0

Während seiner beruflichen Laufbahn musste Dr. Conrad, wie jeder andere Arzt auch, regelmäßig an Schulungen, Weiterbildungen oder Seminaren teilnehmen, wofür ihm eine entsprechende Anzahl an Fortbildungspunkten gutgeschrieben wurde. Innerhalb eines gesetzlich vorgeschriebenen Fünfjahreszeitraums musste er so eine bestimmte Anzahl an Mindestpunkten nachweisen, wobei ein Fortbildungspunkt einer abgeschlossenen Fortbildungsstunde von 45 Minuten entsprach. Im Rahmen der gesetzlichen Verpflichtung wurden Ärzten jedoch nur solche Fortbildungsveranstaltungen angerechnet, die zuvor von einer Ärztekammer oder anderen Heilberufskammern anerkannt und mit Fortbildungspunkten bewertet wurden.

Diese Fortbildungspflicht sollte dem Grundsatz gerecht werden, dass jede medizinische Leistung auf Grundlage der aktuellsten wissenschaftlichen Erkenntnisse erbracht wird. Ärzte sollten also auf den neuesten Stand bezüglich Diagnosen, Krankheitsbildern, Therapien, medizinischen Verfahren und Ähnlichem gebracht werden, wobei der Nutzen für den Patienten und die Patientensicherheit klar im Vordergrund stand. Konnten Ärzte die Mindestpunktzahl nicht nachweisen, blieb ihnen eine zweijährige Frist, diese nachzureichen. Verstrich auch diese, drohte den Ärzten der Verlust der ärztlichen Zulassung!

Im Laufe der Jahre hatte Dr. Conrad die unterschiedlichsten Fortbildungen absolviert. Mal ging es dabei um die neuesten Forschungsergebnisse zum Thema Geburtshilfe, mal um Ultraschalluntersuchungen, dann um gynäkologische Onkologie, oder aber um Mutterschaftsvorsorge bei Risikoschwangerschaften, die Anzahl an Themen von Weiterbildungen schien hier grenzenlos zu sein.

Viele dieser Weiterbildungen empfand Dr. Conrad einfach nur als Auffrischung von bereits vor Jahren angeeigneten Erkenntnissen.

Nur selten hatte er das Gefühl, dass ihm grundlegend Neues vermittelt wurde. Dennoch gab es eine Weiterbildung in seinem Leben, deren Thema er nie vergessen würde. Auch musste er sich eingestehen, dass er von diesem Thema noch nie zuvor etwas gehört hatte, und er fragte sich natürlich auch, woran das lag. Das Thema, um das es bei dieser Fortbildung ging, wurde sowohl im Anmeldeformular als auch auf der Überschrift der Power Point-Präsentation des Dozenten, der den Vortrag halten sollte, lediglich mit der Überschrift *Vorglühen 2.0 und die damit verbundenen Gefahren* betitelt. Als der Dozent zu Beginn seines Vortrags von den anwesenden Ärzten wissen wollte, ob sie sich vorstellen konnten, was sich hinter dem Schlagwort *Vorglühen* verbarg, gab er noch den Hinweis, dass dies ein Phänomen der jungen Party-Generation sei und zu 90 Prozent von Mädchen im Teenager-Alter oder jungen Frauen praktiziert wurde.

Zur großen Überraschung Dr. Conrads meldeten sich fast 75 Prozent der anwesenden Ärzte, um die Frage zu beantworten. Nie würde er die Scham vergessen, die ihn bei der Anzahl der Handmeldungen durchfuhr. Offenbar war er einer der wenigen Ärzte, die sich nichts unter dem Begriff *Vorglühen* vorstellen konnten. Klar, das Wort kannte er aus dem Vokabular seines damals 19-jährigen Sohnes. Es beschrieb einfach nur den Konsum von Alkohol in den heimischen vier Wänden, weil man auf diese Weise günstig in Stimmung kommen konnte. Hatte man einen gewissen Alkoholpegel erreicht, machte man sich auf in die Clubs, wo man sich nun das Geld für teure Longdrinks sparen konnte. In welchem Zusammenhang dies aber mit seinem Beruf als Gynäkologe stand, war ihm bisher fremd gewesen. Umso erstaunter war er über das, was er durch den anschließenden, fast 90-minütigen Vortrag erfuhr.

Bizarr und *extrem gefährlich*, so beschrieb der Dozent den neuen Trend unter Jugendlichen, um einen Alkohol-Kick zu bekommen.

Junge Frauen tränkten zunächst Tampons in Wodka und führten sich diese im Anschluss vaginal ein. Auch männliche Jugendliche ließen sich teilweise auf diesen gefährlichen Trend ein und verwendeten den Alkohol-Tampon anal. Auf diese Weise ersparte man sich das Trinken von mehreren teuren Longdrinks, erreichte aber dennoch einen Vollrausch, sofern man es denn wollte. Außerdem dauerte es auf gewöhnlichem Weg einfach seine Zeit, bis der Rausch einsetzte. Durch die Schleimhäute der Vagina oder des Anus gelangte der Alkohol dagegen wesentlich schneller in die Blutlaufbahn.

Anfangs wunderten sich Ärzte bei Mädchen mit Alkoholvergiftung noch, warum sie mitunter keinen Alkohol im Magen finden konnten. Als sie dann aber den Trick der Jugendlichen durchschauten, schlugen sie sofort Alarm, denn bei Alkohol, der mit einem Tampon über die Schleimhäute in der Scheide aufgenommen wurde, kann man die Menge nicht wie beim Trinken dosieren. Auch Warnsignale des Körpers, wie zum Beispiel Übelkeit und Schwindel, blieben aus. Doch das sind längst nicht alle Nebenwirkungen: Die Vagina und ihre Schleimhäute sind sehr empfindlich. Durch den aggressiven Alkohol können sie regelrecht weggeätzt werden oder anderweitig Schaden nehmen. In ländlichen Regionen, so schien es, war man von diesen Entwicklungen bislang verschont geblieben, so der Dozent, hier hätte sich die Zahl der Problemfälle auf niedrigem Niveau stabilisiert. *Speedballing*, so die englische Bezeichnung für die vaginale oder rektale Einführung von Wodka, sei offenbar ein urbanes Phänomen, in ländlicheren Regionen dagegen, konnten Jugendlichen scheinbar auch ohne oder mit wenig Alkohol fröhlich sein.

Das Interessante am *Speedballing* war auch, dass Einläufe mit Alkohol keine Modeerscheinung des 20. oder 21. Jahrhunderts waren, sondern so alt wie die Geschichte des Einlaufs und der Nutzung von Alkohol selbst. Schon in der Antike fanden diese zu medizinischen Zwecken Verwendung. Ärzte des alten Griechenlands empfahlen zur Behandlung von Darmverletzungen die rektale Instillation von dunklem, herbem Wein. Auch der deutsche Mediziner und Naturwissenschaftler Johann Friedrich Gmelin erwähnt in seiner *Allgemeinen Geschichte der Pflanzengifte* unter anderem Klistiere aus Wasser und Wein, um so einem genesenden Kranken wieder „zu Kräften zu helfen". Ebenso fanden in der Veterinärmedizin, etwa zur Behandlung von Verdauungsproblemen bei Pferden, Klistiere Verwendung, die neben anderen Zutaten auch Bier oder Wein enthielten.

Heute, im 21. Jahrhundert, hat die Zahl von Mädchen mit Alkoholvergiftungen aufgrund von in Wodka getunkten Tampons, die in die Vagina eingeführt werden, deutschlandweit zugenommen, somit ist es nur allzu verständlich, dass die heutige Medizin dringend von Alkoholeinläufen abrät. Doch warum ist diese spezielle Art des Alkoholkonsums bei Teenagern so beliebt?

Ein Grund für diesen Trend könnte die Annahme sein, dass durch einen Alkoholeinlauf das Erkennen des Grades der Betrunkenheit während einer Polizeikontrolle verhindert wird. Dies trifft aber nur eingeschränkt zu, denn Polizeibeamte können unter Umständen auch unabhängig von einer „Fahne" die mit dem Alkoholkonsum verbundenen Ausfallerscheinungen erkennen, die bei der Einlaufmethode teilweise sogar noch ausgeprägter sind. Zum anderen entsteht auch bei der rektalen Einnahme eine „Fahne", welche lediglich etwas später einsetzt.

Besonders in der Faschings- oder Karnevalszeit wird viel Alkohol konsumiert und auch Jugendliche, die noch zu jung für Schnaps und anderen Alkohol sind, probieren sich in dieser Zeit gerne einmal an Spirituosen. Als Beispiel nannte der Dozent eine Mädchengruppe, die zu Karneval in Stuttgart unterwegs war und einen

Wodka-Tampon ausprobiert hatte. Wenig später kollabierte eines der 14-jährigen Mädchen. Im Krankenhaus wurde festgestellt, dass sie hochgradig alkoholisiert war und über zwei Promille im Blut hatte. Daraufhin gingen die Ärzte systematisch vor und wollten ihr den Magen auspumpen, stellten jedoch fest, dass dieser komplett leer war. Nur zögerlich verrieten die Freundinnen den Ärzten, dass sie den Alkohol nicht getrunken, sondern sich einen mit Wodka vollgesogenen Tampon eingeführt hatte.

Doch auch junge Männer, die den Wodka anal über die Darmschleimhaut aufnahmen, lebten nicht ohne Risiko. Bei einer Verletzung der empfindlichen Darmschleimhaut bestand die große Gefahr einer Infektion. Gelangten nämlich Darmbakterien in die Blutlaufbahn, konnten diese Entzündungen bis hin zu einer potentiell tödlich verlaufenden Sepsis hervorrufen. Und da Alkohol eine giftige Wirkung auf Zellen hatte, konnte Schleimhautkontakt zu Verätzungen führen, welche die gleichen Gefahren wie mechanische Verletzungen bargen.

Zum Schluss des Vortrages erklärte der Dozent, dass der Gebrauch von Wodka-Tampons auch in den USA, Belgien und Skandinavien zu beobachten war, meist dort, wo es für Jugendliche besonders schwierig war, an hochprozentigen Alkohol zu kommen. Auch in Internetforen sind Wodka-Tampons ein weit verbreitetes Thema und Eltern wissen oft nicht einmal, dass sich ihre Kinder diese einführten.

Dr. Conrad war froh, an dieser für ihn hochinteressanten Fortbildung teilgenommen zu haben. Zukünftig wollte er mit seinen jungen Patientinnen darüber sprechen und sie auf die Gefahren aufmerksam machen.

Je oller, je doller

Je länger Dr. Conrad als Gynäkologe arbeitete, desto mehr Routine schlich sich in seinen Arbeitsalltag ein. Das Einzige, was sich hin und wieder änderte, waren seine Diagnosen, doch auch diese wiederholten sich in regelmäßigen Abständen. Mal diagnostizierte er eine Geschlechtskrankheit, mal eine Schwangerschaft, die bereits zuvor von der Patientin selbst mittels Schwangerschaftstest festgestellt worden war, dann eine Schwangerschaft, die für die Patientin völlig überraschend kam. Hier lag sein persönlicher Rekord in der 22sten Schwangerschaftswoche, in der er die Schwangerschaft erst während seiner Untersuchung feststellte und die Patientin im Anschluss über ihr Glück oder auch Unglück in Kenntnis setzen musste. Nie würde er den geschockten Gesichtsausdruck der Frau vergessen, als er sie zunächst darüber informierte, dass ihre immer größer und fester werdenden Brüste keiner Krebsvorsorgeuntersuchung bedurften, sondern der Grund für diese Veränderung eine Schwangerschaft sei. Als er ihr dann aber auch noch mitteilte, dass sie seinen Schätzungen zufolge bereits seit 22 Wochen in anderen Umständen sein müsse, kam sekundenlang kein einziges Wort mehr über die Lippen der Patientin. Seit diesem Tag hatte die Nummer 22 einen ganz besonderen Stellenwert für Dr. Conrad. Nicht nur, dass sie seit diesem Tag eine seiner wöchentlich gespielten Lottozahlen war, auch sollte dieser Rekord bis zum Ende seiner beruflichen Laufbahn halten und nie überboten werden.

So vergingen die Jahre und Dr. Conrad freute sich über jede noch so ausgefallene Diagnose, die auf der einen Seite für etwas Abwechslung in seiner Praxis sorgte, auf der anderen Seite eine gewisse Tristesse verschwinden ließ. Beim Stichwort *Tristesse* musste er stets an einen seiner Kollegen denken. Was hatte ihm dieser einmal geantwortet, als er ihm vor Monaten von seinem letzten Safariurlaub in Afrika berichtete und die dortige Landschaft einerseits als saftig grün und pflanzenreich beschrieb, auf der anderen Seite aber auch als öde und staubtrockene Steppe, der man eine gewisse Tristesse nicht absprechen könne?

Wenn er *Tristesse* wollte, so dessen damalige Worte, dann bräuchte er nicht für Tausende von Euro nach Afrika zu fliegen, dann würde es schon reichen, sich morgens in sein Auto zu setzen und in seine eigene Praxis zu fahren, dort wartete schließlich genügend Tristesse auf ihn.

Eines schönen Tages war es dann soweit, und eine ältere Patientin sollte dafür sorgen, dass sich Routine und Tristesse binnen Sekunden aus der Praxis von Dr. Conrad verabschieden sollten. An einem dieser superheißen Tage im Sommer 2018, der angeblich einer der heißesten und trockensten Sommer seit Beginn der Wetteraufzeichnungen im Jahr 1881 gewesen war, suchte Frau Wagner, eine 75-jährige und gleichzeitig eine seiner langjährigsten Patientinnen seine Sprechstunde auf.

Dr. Conrad und Frau Wagner kannten sich bereits seit vielen Jahren und er bildete sich ein, dass sie sein Behandlungszimmer auffallend schüchtern betrat, weshalb er versuchte, ihr mit einem verständnisvollen Lächeln und einem freundlichen Gesichtsausdruck die Angst zu nehmen. Nachdem sich beide per Handschlag begrüßt hatten, lag Dr. Conrad sehr daran, es Frau Wagner so einfach wie möglich zu machen und begann mit einer banalen Standardfrage, voller Hoffnung, ihr auf diese Weise die Scham zu nehmen. Mit den Worten *„Wo drückt denn der Schuh heute?"*, begann er das Gespräch.

„Ach wissen Sie, Herr Doktor", begann sie zögerlich zu antworten, *„die Schuhe drücken eigentlich nicht, aber gestern hat mir wohl etwas das Fell gejuckt, und nun drückt es dort gewaltig."* Während

sie verschämt auf den Boden schaute und den Kopf schüttelte, er-gänzte sie noch: *„ Und das nach all den Jahren, Herr Doktor.“*
Zunächst konnte Dr. Conrad nur ansatzweise erahnen, was ihm seine Patientin gerade versuchte mitzuteilen, und noch bevor er sie darum bitten konnte, auf dem Behandlungsstuhl Platz zu nehmen, um sich das Ganze einmal anzuschauen, schilderte sie ihm nun in den schillerndsten Farben, was ihr am Vortag widerfahren war und warum ihre Vagina die Verletzungen aufweisen würde, die sie ihm erst am Ende ihrer Geschichte zeigen wollte.

Laut den Erzählungen der Patientin fuhr sie Woche für Woche, pünktlich wie ein Schweizer Uhrwerk, jeden Donnerstag um 13:00 Uhr, mit dem Bus auf den am Stadtrand liegenden Friedhof, um dort das Grab ihres vor acht Jahren verstorbenen Mannes zu pfle-gen. Dort machte sie die typischen Arbeiten wie Unkraut jäten und Blumen gießen. Je nach Jahreszeit brachte sie auch stets ein paar typische Blumen der Saison mit, sodass das Grab ihres Mannes immer ordentlich, frisch und gepflegt aussah. Auf keinen Fall woll-te sie sich nachsagen lassen, dass ihr die Witwenrente ihres Mannes zwar einen sorgenfreien Lebensabend ermöglichte, sie es aber nicht einmal für nötig hielt, sein Grab entsprechend zu pflegen.

Um neue Kräfte zu tanken, ruhte sie sich nach der Arbeit auf einer in unmittelbarer Nähe stehenden Parkbank aus, schließlich war sie 75 Jahre alt, und allein das Befüllen der Gießkanne mit Wasser strengte sie von Monat zu Monat immer mehr an. Auch die seit Wochen anhaltende Hitze mit Temperaturen zwischen 30 und 40 Grad machten ihr die Arbeit nicht leichter.

Während sie sich auf der Parkbank ausruhte und ihre vollbrachte Arbeit begutachtete, liebte sie es, die anderen Angehörigen zu be-obachten, die ebenfalls die Gräber ihrer Verwandten pflegten. Unter ihrer ganz besonderen Beobachtung stand seit geraumer Zeit ein älterer Herr, der ihr bereits vor Wochen aufgefallen war und offensichtlich das Grab seiner verstorbenen Frau pflegte, welches sich nur drei Reihen vor dem Grab ihres Mannes befand und somit immer in ihrer Blickrichtung lag. Sofern es sich wirklich um den Ehemann handelte, musste er *Behrens* heißen, dieser Name stand jedenfalls auf dem Grabstein, den sie sich von Neugier getrieben schon vor Wochen einmal genauer angeschaut hatte.

Vertieft in ihre Arbeit hatte sie Herrn Behrens zunächst nur flüchtig wahrgenommen, doch seit dem Tag, an dem sie ihn eher zufällig am Wasserhahn getroffen hatte, an dem beide zur selben Zeit ihre Gießkannen mit Wasser auffüllen wollten, grüßten sie sich, wenn sich ihre Blicke trafen. Irgendetwas faszinierte Frau Wagner an Herrn Behrens, der mindestens fünf Jahre jünger war als sie selbst, und irgendwann musste sie sich eingestehen, dass sie relativ oft zu ihm herüberschaute, immer in der Hoffnung, dass er ebenfalls den Blickkontakt zu ihr suchen würde.

In ihren Augen war es ein stattlicher Mann, der nicht nur groß und schlank und für sein Alter mit einer wahren Haarpracht auf dem Kopf gesegnet war, auch schien er noch recht agil, vital und kräftig zu sein. So konnte sie eines Tages beobachten, wie er nicht nur seine eigene mit Wasser gefüllte Gießkanne zum Grab seiner Frau trug, auch half er einer anderen Frau dabei, ihre Gießkanne zu tragen, da ihr selbst das Gewicht offenbar zu groß war. Seit diesem Tag hatte sie oft überlegt, ob sie es einmal so arrangieren sollte, dass sie ihn wie zufällig am Wasserhahn träfe, um ihn dann darum zu bitten, auch ihre Gießkanne einmal zu tragen. Selbstverständlich würde er ihren Wunsch nicht ablehnen und in ihrer Fantasie stellte sie sich weiter vor, wie er ihre Hand in genau dem Moment berühren würde, in dem er ihr die Gießkanne abnahm – welch wunderbare Vorstellung. Plötzlich wurde ihr bewusst, wie lange sie schon keinen körperlichen Kontakt mehr mit dem anderen Geschlecht gehabt hatte. Auf der anderen Seite wusste sie auch nicht, ob sie solch einen Kontakt überhaupt noch wollte und wenn, in welchem Umfang. Wann würde für sie die Grenze überschritten sein? Wäre ein einfaches Händchenhalten angebracht, eine Berührung ihres Knies aber zu viel? Würde sie einen Kuss auf die Wange als angenehm empfinden, einen Kuss auf die Lippen aber nicht?

Doch warum sich solche Gedanke machen, schoss es ihr durch den Kopf, mit ihren 75 Jahren hatte sie nicht das Gefühl, dass andere Männer sie noch begehrenswert finden könnten, geschweige denn, körperlichen Kontakt zu ihr suchen würden. Doch offensichtlich war dies ein Irrtum, denn als sie sich am Vortag erneut auf die Parkbank setzte, um sich ein wenig auszuruhen, gesellte sich plötzlich Herr Behrens zu ihr und begrüßte sie mit einem freundlichen Lächeln. Überrascht und zugleich schüchtern erwiderte sie seinen Gruß und versuchte, ein wenig Selbstsicherheit auszustrahlen.

Noch bevor sie wieder einen klaren Gedanken fassen oder sich eine Art „Schlachtplan" ausdenken konnte, wie sie sich ihm gegenüber verhalten sollte, ergriff Herr Behrens sofort wieder das Wort und begann, den wunderbaren, sonnigen Tag zu loben, obwohl dieser ja eigentlich viel zu warm sei, um auf dem Friedhof zu arbeiten. Wie selbstverständlich antwortete sie, dass sie zuhause auch lange überlegt habe, ob es heute überhaupt Sinn machen würde, zum Friedhof zu kommen, oder vielleicht doch erst morgen. Kaum hatte sie den Satz beendet, tätschelte ihr Herr Behrens mit seiner rechten Hand ganz leicht die Schulter und sagte, dass er sich freuen würde, dass sie doch gekommen wäre. Ansonsten hätte er sie heute ja nicht gesehen und sich vielleicht auch Sorgen um sie gemacht, schließlich wisse er ganz genau, dass sie schon seit Jahren immer donnerstags gegen 14:00 Uhr auf dem Friedhof anzutreffen wäre.

Geschmeichelt versuchte Frau Wagner ihre Freude über so viel Aufmerksamkeit zu verstecken. Wann hatte sie so etwas das letzte Mal von einem Mann gehört? Wann hatte ihr ein Mann das letzte

Mal gesagt, dass er sich um sie sorgte, beziehungsweise sich freute, sie zu sehen? Jahre war dies her und im Stillen wünschte sie sich, dass er noch einmal ihre Schulter berühren möge.

„Das ist Ihnen aufgefallen, dass ich immer donnerstags komme", wollte sie nun von ihm wissen, und als hätte er ihre Gedanken gelesen, berührte er ihre Schulter erneut, doch anstatt seine Hand danach wieder auf seinen Schoß zu legen, umfasste er behutsam ihren Nacken, drückte diesen ganz sanft und schmeichelte ihr erneut mit den Worten, dass er als Mann ja blind sein müsste, wenn ihm eine so attraktive Frau wie sie es nun mal sei, nicht aufgefallen wäre.

„Ach Herr Behrens, Sie sind mir ja Einer!", schoss es nun aus ihr heraus, und da sie fand, dass er mit seinen Berührungen viel zu weit gegangen war, hätte sie seine Hand am liebsten sofort von ihrem Nacken weggestoßen, doch auf der anderen Seite genoss sie seine Berührungen, die nicht zu stark, aber auch nicht zu schwach waren – es fühlte sich einfach wunderbar an.

„Oh, Sie wissen ja meinen Namen.", sagte Herr Behrens hoch erfreut mit einem frechen Schmunzeln. Nun fühlte sich Frau Wagner ertappt, und erst jetzt wurde ihr bewusst, dass sie sich noch gar nicht vorgestellt hatten. Doch erneut entpuppte er sich als wahrer Gentleman und reagierte so, dass sie sich nicht unwohl fühlte. Ohne zu hinterfragen, woher sie seinen Namen kannte, sagte er: *„Dann gehe ich mal davon aus, dass Sie Frau Wagner sind"*, und während er dies sprach, zeigte er mit seiner anderen Hand in Richtung des Grabes ihres Mannes.

„Das stimmt", antwortete sie und schaute Herrn Behrens das erste Mal direkt in die Augen und lächelte. Als würde er das noch schüchterne Strahlen in ihren Augen und die sich dahinter verbergenden Sehnsüchte erkennen, nahm er seine Hand von ihrer Schulter, drehte sich etwas mehr in ihre Richtung, griff mit beiden Händen nach den ihren, umfasste sie und sagte: *„Hallo Frau Wagner,*

mein Name ist Behrens, schön, dass wir uns nun endlich offiziell kennengelernt haben". Und noch bevor sie irgendetwas erwidern konnte, rutschte er noch etwas näher zu ihr herüber, nahm sie in den Arm und drückte ihr einen Kuss auf die Wange.

„Ich hoffe, ich bin nicht zu weit gegangen", fragte er höflich und lächelte sie fragend an. Doch, natürlich war er zu weit gegangen, viel zu weit. Sie kannte diesen Mann doch gar nicht, was nahm er sich eigentlich heraus?!? Nicht nur, dass er sich einfach neben sie gesetzt hatte, schließlich gab es in der Nähe mindestens ein halbes Dutzend anderer Parkbänke, auf die er sich hätte setzen können, auch hatte er noch die Frechheit besessen, sie am Nacken zu berühren und leicht zu massieren, sie in den Arm zu nehmen, und nun wagte er es auch noch, sie zu küssen???

„Nein, nein!" antwortete sie und war über ihre eigene Reaktion doch mehr als überrascht, dennoch fügte sie hinzu: *„Das war sehr angenehm"*.

„Das freut mich", antwortete er und schlug sogleich vor, dass sie sich ein etwas schattigeres und zugleich kühleres Plätzchen suchen könnten, schließlich sei es auf der Parkbank doch sehr warm geworden.

Was geschah hier eigentlich?, ging es Frau Wagner durch den Kopf. Sie fühlte sich wie damals, als sie gerade einmal 14 Jahre alt war und ihr ein 16-jähriger Junge aus dem Nachbardorf Avancen gemacht hatte, den sie zufällig am Dorfbrunnen getroffen hatte. Ob es, damals wie heute, Männern leichter fiel, Frauen an Wasserstellen anzusprechen? Kaum hatte sie den Gedanken zu Ende gedacht, sah sie, wie sie mit ihrer neuen Bekanntschaft in Richtung Friedhofskapelle ging. Sie spürte seinen Arm, der sie scheinbar spielerisch in eine ganz bestimmte Richtung navigierte, bis sie an der Rückseite der Kapelle angekommen waren. Und tatsächlich, hier war es durch die vielen Büsche und Bäume sehr schattig und nur noch wenige Sonnenstrahlen schafften es, sich ihren Weg durch das Blätterwerk zu bahnen.

Was im Anschluss geschah, hätte sich kein Hollywood-Regisseur besser ausdenken können, und als Frau Wagner fortfuhr, Dr. Conrad ihre Geschichte zu erzählen, schaute sie die meiste Zeit auf den Fußboden, zu groß war ihre Scham, um ihm direkt in die Augen zu schauen. Dieser konnte zwar ahnen, was er nun zu hören bekommen sollte, doch so richtig glauben wollte er es nicht.

Kaum waren Frau Wagner und Herr Behrens hinter der Friedhofskapelle angekommen, begannen beide, sich zu streicheln und zu liebkosen. Innerlich sträubte sich Frau Wagner gegen das, was sie da gerade tat, beziehungsweise mit sich machen ließ, aber das Gefühl war einfach zu schön.

Mit geschlossenen Augen lehnte sie mit dem Rücken an der Wand der Friedhofskapelle und genoss jede Handbewegung, ja jeden Atemzug, den sie auf ihrer Haut spürte. Herr Behrens verstand es, sie mit beiden Händen gleichzeitig an Stellen zu berühren, an denen sie seit Jahren kein Mann mehr berührt hatte. Mal streichelte er nur eine Seite ihres Halses, dann wanderten seine Hände weiter nach unten, sodass er nicht nur sanft ihren Busen berührte, sondern auch wie zufällig ihre beiden Brustwarzen gleichzeitig. Es fühlte sich an, als würde sie von drei oder vier Händen auf einmal berührt werden, und jede einzelne Hand wusste genau, was sie tat. Ihr ganzer Körper kribbelte und plötzlich bildete sie sich ein, sie würde Stimmen hören, die immer lauter wurden. Doch aus Angst, dass das, was sie gerade spürte, nur ein Traum war, ließ sie ihre Augen geschlossen, denn dieser Traum sollte niemals aufhören, und nur im Unterbewusstsein nahm sie wahr, dass die Stimmen, die gerade immer lauter zu werden schienen, langsam wieder leiser wurden.

Im nächsten Moment spürte sie, wie Herr Behrens nach ihrer linken Hand griff und diese langsam nach unten drückte, bis sie zwischen seinen Beinen eine riesige Beule zu spüren bekam und wie von selbst damit begann, diese zu reiben. Unter ihren zunächst zaghaften und schüchtern wirkenden Handbewegungen, die mit der Zeit immer selbstbewusster und fester wurden, begann er zu stöhnen und atmete nun noch schwerer an ihren Hals. Auch Frau Wagner genoss jede ihrer eigenen Handbewegungen und bildete sich ein, dass das, was sie dort unter der Hose von Herrn Behrens knetete und rieb, immer größer wurde.

Es musste fast 20 Jahre her sein, dass sie das letzte Mal ein männliches Glied berührt hatte. Doch auch nach so einer langen Zeit wusste beziehungsweise spürte sie, dass sie noch nie zuvor einen so riesigen Penis zwischen ihren Fingern gehabt hatte. Das, was sie zwischen Herrn Behrens Beinen spürte, schien unglaublich riesig zu sein, und nicht nur sein Penis wurde unter ihren Handbewegungen immer größer, auch ihre eigene Neugier und ihr Verlangen.

Wie gerne hätte sie ihm jetzt seine Hose heruntergezogen, nicht nur, um seinen erigierten Penis sehen zu können, nein, zu gerne wollte sie diesen warmen und steifen Penis, dessen Form sie an eine pralle und gut geformte Aubergine erinnerte, in ihren Händen spüren. Und wieder schien es so, als könnte Herr Behrens ihre Gedanken lesen. Mit geschickten und schnellen Bewegungen öffnete er zunächst den oberen Knopf und danach den Reißverschluss seiner dunkelgrauen Flanellhose, und während er diese bis über sein Gesäß nach unten schob, fasste Frau Wagner sofort wieder nach seinem steifen Glied, das nun nur noch durch seine Unterhose verdeckt war. Auch seine beiden Hoden konnte sie nun das erste Mal richtig fühlen, und auch diese schienen wesentlich größer zu sein, als die, die ihr von den wenigen Männern, mit denen sie je körperlichen Kontakt gehabt hatte, in Erinnerung geblieben waren. Auch hatte sie den Eindruck, dass der ohnehin sehr große Penis von Herrn Behrens nun, wo er nicht mehr durch den Stoff seiner Hose zurückgehalten wurde, noch größer wurde und jeden sich anbietenden Platz dankbar annahm, um sich so lange weiter entfalten zu können, bis er endlich seine finale Größe erreicht hatte.

Nun hielt sie es nicht mehr aus, das warme Sommerwetter, die Mischung aus leichtem Wind und dem Atem des Mannes auf ihrer Haut, mit dem sie nie zuvor gesprochen hatte, und der spürbar pralle, mit Blut gefüllte Penis, der nur durch den Stoff seiner Unterhose von ihr getrennt war, führten dazu, dass sich ihre letzten Hemmungen in Luft auflösten. Sie konnte es kaum noch erwarten, seinen steifen Penis zu sehen. Mit beiden Händen griff sie nach dem Bund seiner Unterhose und begann, diese leicht hektisch nach unten zu ziehen. Schnell musste sie feststellen, dass dies gar nicht so einfach war, blieb sein erigierter Penis doch unter dem Gummiband hängen, sodass sie die Hose nicht weiter nach unten ziehen konnte. Doch es war, als würde auch zu dieser Situation der Spruch passen, dass man gewisse Dinge nie verlernt. Geschickt schob sie das Gummiband seiner Unterhose über seinen Penis, der sich nun, endlich befreit von dem einengenden Stoff, in voller Größe entfalten konnte und sofort nach oben schnellte. Neugierig und gierig zugleich schaute sie nach unten und sah nun zum ersten Mal das, was sie sofort wieder mit ihrer rechten Hand umfasste und was sie wenige Augenblicke zuvor nur durch seine Unterhose hatte spüren können.

Zunächst sah sie nur das Loch in der Mitte seiner riesigen und rosafarbenen Eichel, aus der etwas Flüssigkeit kam, bevor sie das komplette erigierte Glied sehen konnte. Das, was sie zunächst nur hatte spüren können und was sich überdurchschnittlich groß angefühlt hatte, übertraf all ihre Vorstellungen. Nie zuvor hatte sie so einen großen Penis gesehen, geschweige denn in der Hand gehalten, wie den des Mannes, der sie noch immer gekonnt an die Wand der Friedhofskapelle drückte und damit begann, zunächst den oberen

Knopf ihres Faltenrockes zu öffnen und im Anschluss das gleiche mit ihrem Reißverschluss tat. Wie von Zauberhand glitt ihr Rock an ihren Beinen herunter, und nur wenige Sekunden später passierte das gleiche mit ihrem Höschen.

Plötzlich spürte Frau Wagner die leicht raue, aber auch kühle Hauswand an ihrem nackten Po, was sie als sehr angenehm empfand. Gleichzeitig begann Herr Behrens damit, seinen steifen und harten Penis an ihrem Unterleib zu reiben, was sie zum Stöhnen animierte. Wohlige Schauer durchströmten sie und ihr ganzer Körper kribbelte so, wie er es schon seit Jahren nicht mehr vermocht hatte, wie auch. Und obwohl sie Angst davor hatte, Herr Behrens würde in Kürze auch den letzten Schritt wagen und versuchen, in sie einzudringen, konnte sie es kaum noch erwarten, dass er es endlich tun würde.

Plötzlich wurde ihr auch wieder sein Alter bewusst, und so wunderte sie sich nicht nur über die enorme Standfestigkeit seines Penis, sondern auch über seine Ausdauer. War es denn gar nicht anstrengend für ihn, seinen Körper bei den herrschenden Temperaturen mit ständigen Auf- und Ab-Bewegungen an ihrem Körper zu reiben? Es kam ihr vor, als würde er dies schon minutenlang tun.

Dann war es so weit, wie aus heiterem Himmel konnte man aus Richtung der Friedhofskapelle einen leichten Aufschrei aus Frau Wagners Mund über das unmittelbar angrenzende Friedhofsgelände hören, der sofort in ein Stöhnen überging. Mit geöffnetem Mund und weiterhin geschlossenen Augen drehte sie ihren Kopf zunächst nach links, wodurch sie die kühle und raue Wand der Friedhofskapelle nun auch an ihrer Wange spürte, bevor sie ihren Kopf unter weiterem Stöhnen nach rechts drehte. Herr Behrens hatte es tatsächlich getan, obwohl sie es so sehnsüchtig gehofft hatte, drang er letztlich doch völlig unerwartet in sie ein. Wie hatte er das geschafft?

Frau Wagner spürte, wie sich sein Penis, den sie gerade noch in der Hand gehalten hatte, nun in ihrer Vagina auf und ab bewegte. Auch wenn sie einen leichten bis mittleren Schmerz verspürte, so genoss sie jede einzelne dieser gekonnten und scheinbar völlig synchronen Bewegungen, mit denen Herr Behrens es verstand, sie zu verwöhnen. Jedoch war es ihr unmöglich zu spüren, ob er bereits komplett in sie eingedrungen war oder nicht. Falls nicht, konnte sie nicht abschätzen, wie lange sie seine Bewegungen noch würde genießen können, denn trotz der wohligen Gefühle und dem angenehmen Kribbeln in ihrem Körper, insbesondere in ihrem Unterleib, schien es, als würden die Schmerzen in ihrer Vagina zunehmen. Kaum auszudenken, wie stark die Schmerzen noch werden sollten, sofern er bislang nur mit der ersten Hälfte seines Penis in sie eingedrungen wäre.

Unter seinen anhaltenden und stoßenden Bewegungen wurden nun auch Herrn Behrens Keuchen und Stöhnen immer rhythmischer und lauter. Und während er seinen Unterleib zunächst gekonnt nach oben stieß und sich sein Penis so den Weg in den warmen und weichen Unterleib von Frau Wagner ebnen konnte, schien es, als wüsste er genau, welch wohliges Gefühl es für sie war, wenn er seinen Körper danach nur langsam wieder nach unten fallen ließ, wodurch sich auch sein Glied nur wieder langsam aus der Vagina zurück bewegte. Kurz bevor Frau Wagner das Gefühl hatte, er würde ihren warmen und inzwischen brennenden Schoß verlassen, setzte er zu einem weiteren Stoß an und drang erneut tief in sie ein. Während der letzten Stöße stützte er seinen Körper mit der linken Hand an der Hauswand und mit der rechten an der Schulter von Frau Wagner ab, die dadurch immer mehr an die Wand gedrückt wurde. Beide keuchten inzwischen unüberhörbar laut, und wären an diesem heißen Sommertag weitere Friedhofsbesucher in unmittelbarer Nähe gewesen, ihnen wäre nicht entgangen, was sich gerade hinter den Büschen und direkt hinter der Friedhofskapelle abspielte. Nur damit, in welchem hohen Alter die „Sünder" bereits waren, hätten sie sicherlich nicht gerechnet.

So schnell und unerwartet wie das sexuelle Abenteuer zwischen den beiden begonnen hatte, so schnell war es auch wieder vorbei. Nach mehreren kräftigen Stößen setzte Herr Behrens offensichtlich wissentlich zum finalen Stoß an. Zuvor packte er ihre beiden Schultern und drückte ihren Körper kraftvoll nach unten, sodass sie ein paar Zentimeter kleiner wurde und sein Penis bei seinem letzten Stoß in voller Pracht und bis zum Anschlag in sie eindringen konnte, was ihn unter lautem Stöhnen zum Orgasmus brachte. Auch Frau Behrens schrie bei diesem letzten Stoß lauter als zuvor, doch diesmal konnte sie sich ein lautes *„Aua!"* nicht verkneifen. Zu groß war plötzlich der Schmerz, den ihr der Penis bereitete.

Keuchend, nach Luft schnappend, und wie in Trance richteten danach beide ihre Garderobe. Frau Wagner ging sich ein wenig durch ihre Haare und vermied den Blickkontakt zu Herrn Behrens, zu groß war ihre Scham über das, was sie dort gerade getan hatte. Als könnte er schon wieder ihre Gedanken lesen, beruhigte er sie und gab ihr zu verstehen, dass er hoffte, dass sie ihr Abenteuer ebenfalls genossen und er ihr nicht wehgetan hatte.

„Nein, nein" sagte sie, auch sie habe es mehr als genossen und mit einem Blick auf ihre Armbanduhr ergänzte sie, dass es nun Zeit für sie wäre, nach Hause zu fahren.

Mit wenigen Worten und noch weniger Blicken verabschiedete sie sich kurz und knapp von ihm und hoffte inständig, dass keiner der anderen Friedhofsbesucher sehen würde, wie sie sich den Weg zwischen den Büschen zurück aufs Friedhofsgelände bahnen würde. Auch würde sie es begrüßen, wenn Herr Behrens ein oder zwei Minuten wartete, bevor er ihr folgte und ebenfalls hinter den Büschen hervorkroch. Wenn sie schon dabei gesehen werden sollte, dass sie aus den Büschen kam, dann sollte man höchstens denken, dass sie diese gerade als Toilette missbraucht hatte und nicht als sexhungrige Nymphomanin, die selbst vor einem Friedhof nicht zurückschreckte, um ihr nächstes Opfer zu suchen.

„Ja Herr Dr. Conrad, so war das gestern", beendete sie ihre Geschichte leicht beschämt und erklärte danach, dass die Schmerzen in ihrer Vagina bereits auf dem Heimweg vom Friedhof immer größer geworden waren und sie erst daheim das ganze Malheur gesehen hatte. Offenbar war der Penis, der sie nach über 20 Jahren sexfreier Zeit völlig unerwartet und somit auch völlig unvorbereitet verwöhnt hatte, einfach zu groß gewesen, um ohne Blessuren davon zu kommen. So wiesen die Schleimhäute ihrer Vagina mehrere kleine bis größere Risse auf, die nicht nur Schmerzen verursachten, sondern offensichtlich auch behandelt werden mussten.

„Frau Wagner, Sie sind mir ja Eine", antwortete Dr. Conrads mit einem Lächeln und beruhigte sie mit den Worten, dass die ganze Sache auf den ersten Blick schlimmer aussehen würde, als sie sei. Gleichzeitig beglückwünschte er sie zu ihrem Abenteuer, welches aufgrund der gewählten Örtlichkeit sicherlich ungewöhnlich sei und seinesgleichen suchen würde. Jedoch betonte er auch, dass Sex in ihrem Alter nicht unüblich sei und sie auch stolz darauf sein könne, dass es offensichtlich doch noch Männer gab, die sie auf diese Weise begehrenswert fanden. Danach zog er sich zwei Gummihandschuhe über seine Hände und sagte erneut etwas schmunzelnd: *„Dann wollen wir uns das Ganze mal genauer anschauen."*

Heute leider geschlossen

Im Kapitel *Patientinnen jeglicher Couleur*, wurden Sie, liebe Leserin, lieber Leser, bereits ausführlich über die unterschiedlichsten Varianten von Körperschmuck im Intimbereich der Frau informiert. Mal ging es um Schamhaarfrisuren, dann um das Färben von Schamhaaren oder aber um das Stechen von Piercings. Um Letzteres soll es auch hier an dieser Stelle noch einmal gehen, denn zugegebenermaßen hob sich ein Piercing von Dr. Conrads Patientinnen so von den anderen ab, dass es dieses eine, ganz spezielle Piercing einfach verdient hat, eine eigene Geschichte zu bekommen.

Stellen Sie sich vor, Sie arbeiten als Gynäkologe und kommen eines schönen Tages in Ihr Behandlungszimmer, um wie gewohnt die nächste Patientin zu untersuchen. Im besten Fall können Sie sie auch von ihrem Problem oder ihrem Leiden erlösen, denn dies war vor Jahren einer der Hauptgründe Ihres Medizinstudiums: Den Menschen helfen zu wollen.

Als Gynäkologe begrüßen Sie Ihre Patientin also zunächst kurz und freundlich, halten zwei oder drei Sätze Small-Talk mit ihr, erkundigen sich nach dem Grund des Besuches in ihrer Praxis und bitten sie dann, auf dem Behandlungsstuhl Platz zu nehmen. Bis dahin ist soweit alles reine Routine.

Doch wie heißt es so schön? Man kann den Menschen nicht in den Kopf schauen! Wenn Sie einer Patientin als Gynäkologe aber nicht einmal mehr in die Vagina schauen können, um diese zu untersuchen, dann macht der Beruf einfach keinen Sinn, schließlich können Sie für einen ärztlichen Befund ja nicht aus den Karten oder Ihrem morgendlichen Kaffeesatz lesen. Nein, Sie müssen schon irgendwie einen Blick auf oder in das werfen können, wo sich die Beschwerden befinden. Bei einer der Patientinnen von Dr. Conrad war dies aber leider nicht möglich, bei ihr stand er im wahrsten Sinne des Wortes vor verschlossenen Türen.

Diese ganz spezielle Patientin, nennen wir sie Frau Römer, suchte Dr. Conrad an diesem Tag das erste Mal in ihrem Leben auf, war Mitte Dreißig, hatte ein gepflegtes Erscheinungsbild und mittellanges blondes Haar. Auf den ersten Blick erweckte sie den Eindruck einer ganz normalen Durchschnittsfrau. Umso erstaunter war Dr. Conrad über das, was er zu sehen bekommen sollte, als Frau Römer auf seinem Behandlungsstuhl Platz genommen und er sich mit seinem kleinen Rollhocker direkt vor ihr in Position gebracht hatte, um mit der Untersuchung zu beginnen.

Ohne von der Patientin in geringster Weise darauf vorbereitet worden zu sein, was er nun zu Gesicht bekommen sollte, verharrte Dr. Conrad für einen Augenblick.

Nach wenigen Sekunden der Schockstarre, bei einem Autounfall nennt man diese Zeit wohl auch *Reaktionszeit*, schaute er Frau Römer zunächst für einen kurzen Augenblick in die Augen, bevor die seinen wieder in Richtung ihrer Vagina wanderten. Nein, so etwas hatte er in seinem Leben noch nicht gesehen. Doch was viel gravierender war, und was er nicht verstehen, beziehungsweise nachvollziehen konnte, was wollte die Patientin damit bezwecken? Wie sollte Dr. Conrad sie unter diesen Umständen untersuchen?

Ja, aufgrund der Einleitung zu dieser Geschichte erahnen Sie sicherlich schon, dass der Intimbereich der Patientin offensichtlich mit einem außergewöhnlichen Piercing geschmückt war. Richtig, liebe Leserin, lieber Leser, Frau Römer trug ein Piercing. Salopp gesagt könnte man aber auch eine der folgenden Formulierungen nutzen:

Das Kanonenrohr war verstopft! Bitte keine Werbung einwerfen! Zutritt verboten! Alle Schotten dicht! Kinder müssen draußen bleiben! Heute Geschlossene Gesellschaft!

Vermutlich haben Sie längst begriffen, dass Frau Römers Piercing ihre Vagina auf eine sehr spezielle Weise verschloss und eine Untersuchung deshalb unmöglich erschien. Richtig!

Dieses ganz spezielle Piercing bestand zunächst aus insgesamt sechs kleinen Ringen, von denen jeweils drei in jede ihrer Schamlippen gestochen war. Also drei links, drei rechts. Platziert waren sie so, dass je eines oberhalb der jeweiligen Schamlippe angebracht war, das andere relativ weit unten, wodurch das dritte seinen Platz in der goldenen Mitte fand. Somit waren je zwei ringförmige Piercings direkt nebeneinander. Wer jetzt schon angewidert geschockt ist, dem sei gesagt, dass dies natürlich noch nicht genug des guten oder schlechten Geschmackes war, denn wie gesagt, Frau Römers Vagina war verschlossen! Doch wie verschließt man eine Vagina?

Ganz einfach: Zusätzlich zu den sechs Ringen, braucht man noch eine kleine Kette und ein Vorhängeschloss. Sie haben richtig gelesen: Ein Vorhängeschloss! Natürlich hat dieses nicht die Größe, wie Sie es vielleicht von Ihrem heimischen Kaninchenstall oder Ihrem Holzschuppen her kennen, nein nein, größentechnisch war dies den örtlichen Bedingungen angepasst, also relativ klein und zierlich.

Die Kette hatte Frau Römer wie einen Schnürsenkel in einem Turnschuh x-förmig durch die Ösen gezogen, sodass die ganze Formation aussah wie zwei untereinanderliegende Xe. Die beiden Enden der Kette trafen sich an den oberen Piercings und waren dort mit dem bereits erwähnten Vorhängeschloss verbunden. Warum das Schloss ausgerechnet oberhalb der Schamlippen und nicht unten angebracht war, konnte Dr. Conrad nur erahnen, sicherlich wollte man so verhindern, dass beim Urinieren zu viel Urin über oder durch das Schloss laufen konnte. Der erste Gedanke, der Dr. Conrad bei diesem Anblick durch den Kopf ging war, dass das Schloss eventuell nicht aus Edelstahl war und früher oder später Rost ansetzen würde.

Bedingt durch die Tatsache, dass Frau Römer bereits auf dem Stuhl Platz genommen und sich ihre Schamlippen dadurch auch etwas geöffnet hatten, stand das ganze Piercing unter Spannung, oder anders ausgedrückt, unter einem gewissen Zugzwang. Fast machte es den Eindruck, dass der ein oder andere Ring bei noch größer werdender Spannung, dem Druck nicht mehr standhalten und sich den Weg durch das Fleisch der zarten Schamlippen suchen würde, um schlichtweg zu reißen, so als würde man einen Ohrring bei ungeschickten Handbewegungen aus dem Ohrläppchen ziehen. Darüber hinaus erweckte es den Eindruck, als wollten die beiden Kreuze dem Betrachter sagen: *Bis hier hin und nicht weiter.* Oder: *Hier kommst du mir nicht rein!*

Vielleicht war ja genau dies der Sinn und Zweck des Piercings, war es etwa eine Art Keuschheitsgürtel der neuen Generation?

Wenige Sekunden nach dieser doch mehr als überraschenden Entdeckung wandte sich Dr. Conrad an seine Patientin, bemüht, so professionell als nur irgend möglich zu wirken.

„Tja, Frau Römer, da haben Sie ja eine ganz besondere Überraschung für mich", begann er das Gespräch, *„aber wenn ich Sie untersuchen soll, dann müssten Sie die Kette jetzt bitte entfernen."*

Obwohl Dr. Conrad ein doch eher ruhiger und auf manche Menschen auch etwas spröde wirkender Mensch war, der nur selten zu lachen schien, rutschte ihm noch eine Bemerkung heraus, die ihn innerlich selber schmunzeln ließ: *„Wie ich sehen kann, ist das kein Zahlenschloss, dann hoffe ich mal, dass Sie den Schlüssel dabei haben!"*

Hätte Dr. Conrad auch nur im Geringsten ahnen können, wie das nachfolgende Gespräch verlaufen würde, so hätte er dieses am liebsten auf Tonband aufgenommen. Natürlich nur für Schulungszwecke, so, wie man es heutzutage immer bei Tonbandansagen hört, wenn man eine Behörde oder das Servicecenter eines Unternehmens anruft.

Nach Dr. Conrads Bemerkung mit dem Schlüssel gab Frau Römer ihm sofort zu verstehen, dass sie selbstverständlich keinen Schlüssel dabei habe, schließlich sei ihr Keuschheitsgürtel ja nicht aus Langweile genau dort angebracht, wo er war, sondern aus dem einfachen Grund, ihrem Freund ihre absolute Treue zu beweisen. Niemand anderes als er sollte die Stelle berühren, geschweige denn mit irgendetwas in sie eindringen dürfen.

Dr. Conrad erklärte ihr, dass er es grundsätzlich auch schön fände, wenn sich zwei Menschen gefunden und sich ihre Treue geschworen hätten, und dieses zusätzlich noch durch bestimmte Rituale oder eben auch durch Körperschmuck bekräftigten. Als Gynäkologe müsse er aber auf einer freien Sicht bestehen und sie auch geringfügig berühren, anderenfalls würde er keine hundertprozentige Untersuchung durchführen können. Um Frau Römer den Ernst der Lage noch besser erklären zu können, ergänzte er noch, dass eine Autowerkstatt einen scheinbar defekten Motorblock auch nur dann reparieren könne, wenn der Halter oder eben die Halterin des Autos die Motorhaube öffnen würde.

Diesen Vergleich verbat sich Frau Römer sofort, schließlich sei sie kein Auto, sondern ein Mensch aus Fleisch und Blut. Außerdem betonte sie noch einmal, dass sie das alles nicht verstehen könne. Dr. Conrad sei nun bereits der dritte Gynäkologe, den sie innerhalb von zehn Tagen aufsuchte. Auch die anderen beiden Ärzte hatten sich geweigert, sie unter diesen Umständen zu untersuchen. Danach hatte sie im Internet recherchiert und Dr. Conrad gefunden, und da dieser hervorragende Bewertungen auf Google hatte, war sie der Meinung, dass genau er der Richtige für sie war. Und nun wurde sie erneut so bitterlich enttäuscht.

Enttäuschen wolle er sie natürlich auf keinen Fall, betonte Dr. Conrad, aber sie müsse auch nachvollziehen können, dass es sicherlich seine Richtigkeit hätte, wenn ihr gleich drei Ärzte sagten, dass eine Untersuchung unter diesen Umständen einfach nicht möglich war.

Und was die Bewertungen auf Google betraf, so erklärte er ihr, dass sich diese wohl auf Untersuchungen bezogen, die er unter normalen Umständen machen konnte. Soll heißen, das sich ihm die Patientinnen so präsentierten, wie Mutter Natur sie schuf und nicht so, wie die Patientin sich selber schuf. Am liebsten hätte er noch ergänzt: *Oder sich verunstaltete.*

So schnell, wie Frau Römer aus Dr. Conrads Behandlungsstuhl sprang, so schnell hatte es zuvor noch keine seiner Patientinnen geschafft. Dr. Conrad sah noch, wie sie Schwung nahm und sich das ganze Piercing vor seinen Augen hin und her verschob, ohne jedoch zu zerreißen. Mit einem Satz stand sie auf ihren nackten Füßen und verschwand unverzüglich und mit wackelnden Pobacken hinter dem hellgrünen Paravent, hinter dem sie sich zuvor ausgezogen hatte.

Für einen kurzen Moment nahm Dr. Conrad an, dass sich Frau Römer wieder anzog, um seine Praxis wutentbrannt zu verlassen, doch dann bekam er mit, wie sie offensichtlich ein Telefonat begann. Auch wenn er nur Frau Römers Stimme hören konnte, so war doch offensichtlich, dass sie ihren Freund angerufen hatte, um mit ihm die Situation zu besprechen. Wie gerne hätte Dr. Conrad auch gehört, was der Gesprächspartner am anderen Ende der nicht vorhandenen Leitung erzählte. Von Frau Römer waren hingegen Sätze zu hören wie: *„Der will mich auch nicht untersuchen"*, *„Hab ich doch schon"*, *„Ja, überall das Gleiche"*, *„Jede beschnittene Frau in Afrika wird doch auch untersucht"* oder *„Bring mir doch einfach den Schlüssel vorbei"*.

Nach der Bemerkung, dass jede beschnittene Frau in Afrika doch auch untersucht werden würde, war die Geduld von Dr. Conrad erschöpft. Ohne noch etwas zu sagen, verließ er das Behandlungszimmer und wies seine Sprechstundenhilfe Frau Grube an, in das Zimmer zu gehen, um der Patientin mitzuteilen, dass es ihm leid täte, er sie heute aber nicht mehr untersuchen könne, schließlich habe er einen vollen Terminkalender und die nächste Patientin wartete bereits auf ihn.

Noch bevor er das nächste Behandlungszimmer betreten konnte, welches direkt gegenüber dem lag, in dem es Frau Römer gerade vorzog, mit ihrem Freund zu telefonieren, anstatt sich untersuchen zu lassen, stand diese plötzlich im Türrahmen des Behandlungszimmers. Immer noch splitternackt und in der einen Hand ihr Smartphone festhaltend.

Jedem, der gewusst hätte, was es war, wäre sofort der kleine, wackelnde Gegenstand vor dem Intimbereich von Frau Römer aufgefallen: Das Vorhängeschloss!

Dr. Conrad bezweifelte jedoch, dass Frau Grube, die das Zimmer gerade betreten wollte, dieses in der Hektik überhaupt wahrgenommen hatte und glücklicherweise standen auch gerade keine anderen Patientinnen auf dem Flur.

Noch bevor Frau Grube den Arm von Frau Römer greifen konnte, um sie zurück in das Behandlungszimmer zu begleiten, ergriff diese wieder das Wort und erkundigte sich mit lauter klarer Stimme, ob es in der Praxis eventuell eine kleine Zange geben würde. Weiter erklärte sie, dass ihr Freund netterweise den Vorschlag gemacht hatte, mit einer Zange die Kette zu durchtrennen, sodass Dr. Conrad endlich mit seiner Untersuchung beginnen konnte. Sie selber, und dies betonte sie noch einmal in Richtung ihres Smartphones, offenbar war ihr Freund immer noch am Apparat und hörte das ganze Gespräch mit, war von dieser Idee nicht begeistert, schließlich sei nur ihr Freund dazu berechtig das Schloss zu ihrem ganz persönlichen Schloss zu öffnen. *„Hast du gehört, Schatz, nur du darfst das Schloss zu meinem Schloss öffnen"*, wiederholte sie noch einmal direkt in ihr Smartphone.

Dr. Conrad bekam dies jedoch nur noch mit einem halben Ohr mit, längst begrüßte er seine nächste Patientin und entschuldigte sich bei ihr für den entstandenen Lärm auf dem Flur.

Fachchinesisch

Vielleicht waren es gerade Patientinnen wie Frau Römer, die Ärzte dazu verleiteten, sich eine Art Geheimsprache anzueignen, denn gelegentlich ergaben sich Situationen, die eine Untersuchung erschwerten. Oft wurden diese durch die Patientinnen selbst hervorgerufen, ohne dass sich diese darüber im Klaren waren. Was tut man also, wenn man seiner Sprechstundenhilfe etwas eher Unangenehmes über die Gegensprechanlage mitzuteilen hatte, ohne dass die Patientin selbst verstehen konnte, was der Arzt gerade über sie sagte, geschweige denn, dass andere Patientinnen, die eventuell gerade an der Anmeldung standen, mitbekamen, was der Arzt über die betreffende Patientin sagte?

Stand eine Patientin also beispielsweise unter einem so starken Alkoholeinfluss, dass sie sich kaum noch auf dem Behandlungsstuhl halten konnte, benötigte Dr. Conrad die Unterstützung einer seiner Sprechstundenhelferinnen. Natürlich konnte er nun nicht über die Gegensprechanlage sagen, dass Frau XY stark alkoholisiert sei und eine seiner Mitarbeiterinnen bitte ins Behandlungszimmer kommen sollte, um die Patientin festzuhalten. Also bedurfte es hier eines kleinen, aber klaren Geheimcodes. War eine seiner Patientin also an- oder betrunken, so drückte Dr. Conrad den Knopf seiner Gegensprechanlage, und informierte seine Sprechstundenhelferinnen darüber, dass es voraussichtlich ein kleines *C2-Problem* gebe, welches im PC festgehalten und dokumentiert werden müsse. Hierbei steht das Kürzel C2 für Ethanol, also den Trinkalkohol, welcher ein Grundgerüst aus 2 Kohlenstoffatomen hat, womit das Hauptproblem Alkohol klar definiert war. Dass das C2-Problem im Computer festgehalten werden müsse, war natürlich eine weitere geheime Information. Selbstverständlich musste nicht das Problem im Computer dokumentiert, beziehungsweise festgehalten werden, vielmehr die Patientin auf dem Behandlungsstuhl.

Angetrunkene Patientinnen waren in Dr. Conrads Praxis zwar nicht an der Tagesordnung, kamen aber leider immer wieder vor. Grund hierfür war unter anderem, dass es in Großstädten auch eine Vielzahl von obdachlosen oder drogenabhängigen Frauen gab, die sich ebenfalls untersuchen ließen, aber leider nicht immer die nötige Hygiene mitbrachten, oder eben unter Alkoholeinfluss standen, ganz gleich zu welcher Uhrzeit.

Auch von anderen Kollegen erfuhr Dr. Conrad im Laufe der Jahre von bestimmten Geheimcodes, derer man sich notgedrungen bediente. War ein Patient zum Beispiel *extern pigmentiert,* so gab er damit zu verstehen, dass der Patient schmutzig sei und sich vor dem Besuch in der Praxis besser gewaschen hätte. *Extern* bedeutete in diesem Zusammenhang *außerhalb*, *pigmentiert* so viel wie *gefleckt.*

Doch nicht immer bestanden solche Codes aus nur zwei leicht verständlichen Wörtern. Auf einer Fachtagung für Gynäkologen rühmte sich einer der Kollegen Dr. Conrads damit, dass er gerne davon sprach, dass seine Patientin unter einer *klimakterisch akzentuierten, negativen Vitalitätsschwankung* litt. Solche Wortkonstruktionen waren für den Laien selbstverständlich nicht zu verstehen. Dabei bedeutete dies lediglich, dass die Patientin besonders starke Auswirkungen der Wechseljahre hatte. *Klimakterisch* beschrieb hier ganz einfach die Wechseljahre und *akzentuiert* wies auf etwas Auffälliges hin. Das Wort *negativ* ist selbsterklärend und *Vitalitätsschwankungen* stehen, simple ausgedrückt, für Gemütsstörungen.

Manchmal gab es auch Patienten, die sich hundertprozentig sicher waren, krank zu sein, auch wenn eine ausführliche Untersuchung ergab, dass er aus medizinischer Sicht eigentlich gesund sein musste. Nicht umsonst sprach man hier auch vom *eingebildeten Kranken*, wobei man sich bei der Namensgebung sicherlich bei dem gleichnamigen Theaterstück von Moliére bedient hatte. Und ein Theaterstück war es gelegentlich schon, was die Patienten sich alles einfallen ließen und aufführten, nur um dem Arzt zu beweisen, dass sie wirklich krank waren. Bestand Moliéres Theaterstück jedoch nur aus drei Akten, so führten einige Patienten mitunter schon mal ein wochenlang andauerndes Schauspiel auf.

In solchen Momenten muss man sich als Arzt gelegentlich einiger Hilfsmittel bedienen, natürlich alles nur zum Wohle des Patienten. So kann es schon mal vorkommen, dass man dem Patienten notgedrungen ein sogenannten Placebo verschreibt, also ein Medikament, das zwar genau so aussieht wie eine wirksame Tablette, gelegentlich auch so schmeckt, aber eben keinen Wirkstoff enthält. Hier spielt sich die Heilung meist im Kopf des Patienten ab. Bei Erkältungskrankheiten wird auch oft davon gesprochen, dass die Beschwerden ohne Medikamente erst nach einer Woche abklingen, mit Medikamenten dagegen schon nach sieben Tagen.

In vermeintlich ganz schweren Krankheitsfällen kann der Arzt dem Patienten aber auch eine *exspektative Therapie* vorschlagen. Bei solchen Therapien macht der Arzt nichts weiter als abzuwarten, ist er doch der Meinung, dass die Krankheit genauso schnell von alleine vorbei geht.

Womit gerade Gynäkologen immer wieder konfrontiert werden, ist die Tatsache, dass viele ihrer schwangeren Patientinnen einfach nicht begreifen wollen, dass der Genuss von Alkohol und Nikotin während der Schwangerschaft einfach schädlich für das ungeborene Kind ist. Fehlentwicklungen oder auch lebenslange Beeinträchtigungen sind hier leider nicht selten die Folge. Einigen Patientinnen kann man noch so oft ins Gewissen reden, sämtliche Aufklärungsversuche prallen einfach an ihnen ab. Nicht selten wird die

Meinung vertreten, dass man bis zum Ende des vierten Schwangerschaftsmonats rauchen könne, weil der Embryo davor ja noch so klein ist und deshalb gar nicht merken würde, dass man raucht. Oder es wird argumentiert, dass die eigene Mutter während der Schwangerschaft ebenfalls geraucht habe, was ihr, der Patientin, letztlich auch nicht geschadet habe.

Als Arzt kann man in solchen Momenten nur den Kopf schütteln und bei der werdenden Mutter in Gedanken nur ein *Vakuumphänomen oberhalb von C Null* diagnostizieren. Mit der Codierung *C Null* ist in diesem Fall der Bereich oberhalb der Wirbelsäule gemeint, also der Kopf. Sofern sich dort im Laufe der Jahre ein Vakuum gebildet oder schon immer bestanden hat, ist über die Patientin alles gesagt.

Anders ausgedrückt kann die Patientin aber auch an einer *Cerebralaplasie* leiden, wobei das Cerebrum ein Teil des Gehirns ist und die Aplasie eine „Nicht-Ausbildung" beschreibt.

Besonders unangenehm kann es für den behandelnden Arzt sein, wenn der Patient unter einem fortgeschrittenem *Foetor ex ore* leidet. Wobei dieser Befund meist von Zahnärzten diagnostiziert wird, und nicht von Gynäkologen. Hierbei stammt das Wort *Foetor* aus dem Lateinischen und bedeutet "Geruch". *Ex ore* dagegen „aus dem Mund", womit eigentlich alles erklärt sein dürfte.

Zum Schluss noch eine letzte Codierung, welche zugegebenermaßen auch die Schwierigste ist. Wie beschreibt der Kölner seine Narren während des jährlichen Treibens der fünften Jahreszeit? *Jede Jeck es anders!* Was so viel heißt wie: Jeder Narr ist anders, also nimm ihn ganz einfach wie er ist. So jedenfalls die Kölsche Theorie.

In Arztpraxen kommen aber meist keine Narren, gelegentlich kommt es jedoch vor, dass sich Patienten wie solche verhalten, und da fällt es mitunter schwer, diese so zu nehmen, wie sie sind.

Ist ein Patient zum Beispiel besonders aktiv, hibbelig, redselig oder kaum zu ertragen, diagnostiziert man schnell eine *substitutionspflichtige akute Hypolorazepamämie* – was für ein Zungenbrecher! *Substitutionspflichtig* heißt an dieser Stelle so viel wie, dass etwas *ersetzt* werden muss. Das Wort *akut* bedarf keiner weiteren Erklärung. *Hypo* bedeutet *zu wenig*, und *Lorazepam* ist ein beruhigendes Medikament. Die Endung *-ämie* hat mit Blut zu tun, sodass das komplette Fachchinesisch im Klartext lediglich bedeutet, dass dem Patienten dringend ein Beruhigungsmittel in die Blutbahn gespritzt werden sollte.

Was lernen wir daraus? Vielleicht sollten sich Patienten zukünftig ein paar Brocken dessen versuchen zu merken, was Ärzte während ihrer Anwesenheit in Diktiergeräte oder unter Kollegen miteinander besprechen, um später daheim bei Google zu recherchieren, was da eigentlich so alles gesprochen wurde. Das könnte ein Riesenspaß werden!

An dieser Stelle muss der Fairness halber aber erwähnt werden, dass auch so mancher Arzt hin und wieder unter einem *Vakuumphänomen oberhalb des C Null* leidet. Glaubt man der Berichterstattung des Ärzteblatts, so unterlaufen auch ihnen regelmäßig Fehler in den von ihnen erstellten Gutachten, Befunden oder Überweisungsschreiben an Kollegen. Manchmal formulieren sie erstellte Diagnosen auch so missverständlich, dass der Empfänger des Geschriebenen nur erraten kann, woran der Patient tatsächlich leidet.

So gab es zum Beispiel einen Patienten, der unter einem *lauten Atem* litt, ein anderer wiederum kämpfte gegen ein *akutes Duschgangssyndrom*. Auch eine *eingeschränkte Rehfähigkeit* wurde schon einmal diagnostiziert. Davon ausgehend, dass hier sicherlich eine eingeschränkte Sehfähigkeit gemeint war, könnte man unterstellen, dass darunter auch der Arzt litt, der in einem seiner Berichte schrieb, dass es sich bei Kopf und Hals des Patienten um eine *Vollprothese* handele.

Bei einem anderen Patienten erfolgte die stationäre Aufnahme sogar im Rahmen eines *Erholungsurlaubs*. Auch ein 65-jähriger Besitzer eines Schwerbehindertenausweises hätte nicht schlecht gestaunt, wenn er gewusst hätte, welch Wunder der Natur er doch war. Offiziell verfügte er nämlich über einen *Schwerbehindertenausweis mit einem 50%igen Grad der Entbindung*! Vielleicht war es ja genau dieser Patient, der nach der Untersuchung *direkt in den chirurgischen PO* verlegt wurde. Fragwürdig muss es auch sein, wenn einem als Patient mitgeteilt wird, dass man über ein *eingeschränktes Arbeitszeitgedächtnis* verfügt.

Bei so vielen, zugegebenermaßen teils auch lustigen, Fehlformulierungen kann man nur hoffen, dass Ärzte bei ihren Untersuchungen und Operationen etwas konzentrierter vorgehen als beim Schreiben ihrer Berichte.

Der Spendenskandal

Zu den alltäglichen Aufgaben eines Gynäkologen gehörte es natürlich auch, schwangere Frauen während ihrer Zeit der Schwangerschaft zu begleiten, was für Dr. Conrad bis zum Ende seines Berufslebens zu den schönsten Aufgaben zählte, die sein Beruf für ihn parat hielt.

Eine solche Schwangerschaftsbegleitung begann zunächst routinemäßig mit dem Besuch der Patientin in seiner Praxis. Entweder teilte diese ihm unmittelbar mit, dass sie schwanger sei, oder zeigte sich etwas verunsichert. Mitunter kam es vor, dass Patientinnen bereits einen handelsüblichen Schwangerschaftstest aus der Apotheke durchgeführt hatten, dieser auch ein positives Ergebnis zeigte, die Patientin selbst aber der Meinung war, dass das Ergebnis einfach nicht stimmen könne. Die Gründe hierfür waren so unterschiedlich wie teils absurd, belustigend, oder aber auch einfach nur unglaublich.

War die Patientin zum Beispiel schon in der fünften Schwangerschaftswoche, so kam es vor, dass sie selbst der Meinung war, seit mindestens acht Wochen keinen Sex gehabt zu haben. Auch der Gebrauch eines Kondoms war für viele Frauen noch immer der Garant für eine hundertprozentige Verhütung. Fragte Dr. Conrad aber einmal genauer nach, so hörte er teils unglaubliche Antworten. Wie auch immer dieses passieren kann, aber einigen Männern scheint das Kondom während des Gefechts einfach abhanden zu kommen, ohne dass sie es bemerken. Der eigentliche Akt wird natürlich noch bis zum bitteren Ende durchgezogen. Meist bezweifelte Dr. Conrad, dass der Mann tatsächlich nicht bemerkt hatte, dass das Kondom von seinem Glied gerutscht war, sondern einfach nur die Gunst der Stunde nutzte, um dieses neue, freie Gefühl zu genießen. Doch wenn ein Kondom erst einmal im Unterleib der Frau verschwunden war und zusätzlich durch weitere rhythmische Bewegungen in ihn hinein gestoßen wurde, war es auch schon mal Dr. Conrad, der solche Fundstücke erst nach Tagen wieder ins Freie beförderte. Oft klagten die Patientinnen in solchen zugegebenermaßen eher seltenen Fällen über Probleme beim Urinieren, bis Dr. Conrad ihnen das Ergebnis seiner Untersuchung präsentierte. Dies war den Patientinnen natürlich mehr als unangenehm. Auf Nachfrage konnten die meisten Frauen auch nicht bestätigen, dass sie gesehen hatten, wie sich der Mann das Kondom nach dem Geschlechtsverkehr abgerollt hatte. Hier fragte sich Dr. Conrad oft, was Frauen eigentlich dachten, wo das Kondom geblieben war, wenn sie es später nicht irgendwo neben dem Bett gefunden hatten. Oder hatten sich die Männer inzwischen alle zu ordnungsliebenden Wesen entwickelt und warfen das benutzte Kondom nach dem Sex sofort in den Müll? Wohl eher nicht!

Auch für eine seiner Patientinnen war es schier unmöglich, zu glauben, dass sie schwanger sein sollte, auch dem Testergebnis von Dr. Conrad wollte sie partout keinen Glauben schenken. Der Grund für diese sture Haltung war jedoch auch in diesem Fall eher an den Haaren herbeigezogen. So hatte die Frau angegeben, dass sie weder die Pille nahm, noch ihr Freund Kondome benutzen würde. Da dieser ihr aber regelmäßig bestätigte, und dies auch auf seinen Golf GTI schwor, seinen Penis stets vor dem Samenerguss aus ihrer Scheide zu ziehen, war eine Schwangerschaft somit völlig ausgeschlossen.
An dieser Stelle wies Dr. Conrad darauf hin, dass dies eine eher unsichere Verhütungsmethode aus dem Mittelalter sei, denn manchmal habe es eben auch der Mann, dieses ach so starke und kluge Geschlecht, einfach nicht im Griff oder auch im Gefühl, exakt den Punkt abzuschätzen, wann genau sein Orgasmus einsetzen würde.

Auch dieses Argument überzeugte die Patientin nicht sofort, denn während der drei Monate, in denen sie nun mit ihrem Freund zusammen war, hatte er dies stets unter Kontrolle gehabt. Ein weiterer Grund dafür, dass sie ihm absoluten Glauben schenkte, war die Tatsache, dass sie ihn nicht nur liebte, sondern sein Ejakulat stets auf ihrer Bauchdecke landete und sie es somit sehen konnte. Nur einmal, gab sie zu, wunderte sie sich etwas über die geringe Menge an Sperma, die ihr Freund auf sie abgespritzt hatte, denn normalerweise war er viel „ergiebiger", wie sie es selbst beschrieb. Doch auch dies konnte ihr ihr Freund glaubhaft erklären. Dieser hatte sich nämlich nach eigenen Aussagen zwei Stunden bevor er Sex mit ihr hatte selbst befriedigt, somit war die in der recht kurzen Zwischenzeit neu produzierte Menge an Sperma natürlich automatisch geringer.

Dr. Conrad fiel es schwer, der Patientin zu erklären, dass vielleicht genau dies der Tag war, an dem sie schwanger wurde. Statt der Variante einer vorherigen Selbstbefriedigung ihres Freundes sei es sicher wahrscheinlicher, dass sich genau dieser an dem besagten Tag ganz einfach verschätzt hatte, was den Start seines Orgasmus anging. Anders ausgedrückt, diese Gabe hatte ihn an diesem Tag ganz einfach verlassen.

Doch ganz gleich wie es passiert war, fest stand, es war passiert! Seine Patientin war schwanger, ob sie es nun glauben wollte oder nicht. Und so konnte man ihr nur wünschen, dass ihr Freund sie nicht auch verlassen würde, nachdem sie ihm diese unter normalen Umständen eigentlich recht frohe Botschaft mitgeteilt hatte.

Bei einer anderen Patientin benötigte Dr. Conrad ebenfalls alle Überzeugungskraft, um ihr klar zu machen, dass bei ihr eine Schwangerschaft vorlag. Auch für sie war dieses zunächst völlig ausgeschlossen, schließlich hatte sie sich nur wenige Sekunden nach dem Samenerguss ihres Sexpartners sofort kerzengerade aufgestellt, wodurch das Sperma ihres Wissens nach sofort wieder aus ihrem Körper herauslaufen konnte. Clever wie sie war, und getreu dem Motto „*Doppelt hält besser*", hatte sie dieses in der Duschkabine getan und sich ihren Intimbereich auch sogleich mit heißem Wasser ausgewaschen, und heißes Wasser, dies hatte sie in einem Internetforum gelesen, tötete Spermien sofort ab.

Diese Weisheit musste Dr. Conrad mit den Worten widerlegen, dass für eine Schwangerschaft nur ein einziges Spermium reichen würde. Da half es auch nichts, wenn sie Millionen andere mit heißem Wasser abgetötet oder diese sich auf dem Weg ins Ziel schlicht verirrt hatten. Irgendwie musste es einem einzigen Spermium gelungen sein, sich den Weg bis zu einer ihrer Eizellen zu erkämpfen. Ganz gleich wie steil der Weg bis dahin gewesen war, oder wie viel heißer Regen auf diesen einen kleinen Schützling zuvor geprasselt war, er hatte es bis ins Ziel geschafft.

Bei dieser sicherlich ungewöhnlichen Formulierung kamen ihm sogar die Worte des Fußballkommentators Herbert Zimmermann in den Sinn, der während der Fußball-Weltmeisterschaft im Jahr 1954 das legendäre WM-Finale zwischen Deutschland und Ungarn kommentierte, welches es letztlich als das *Wunder von Bern* in die Fußball-Geschichtsbücher schaffen sollte. Bei diesem Spiel hatte es in einer der entscheidenden Spielszenen geregnet, was von Herbert Zimmermann mit den Worten kommentiert wurde, dass es im Berner Fußballstadion nur noch sechs Minuten zu spielen waren und der Regen unaufhörlich niederprasselte. Irgendwann sprach er davon, dass Rahn aus dem Hintergrund schießen müsste und dieses auch tat.

„*Tooooor! Tooooor! Tooooor! Tooooor!*" waren seine anschließenden, berühmten Worte, und das Spiel war kurze Zeit später beendet. So, oder so ähnlich, mussten sich auch die letzten Minuten zwischen seiner Patientin und ihrem Freund abgespielt haben. Irgendwann waren es eben nur noch sechs Minuten bis zu dessen Orgasmus und dann, völlig unerwartet, schoss sein kleiner Rahn aus dem Hinterhalt ins Tor. Der Adler war sozusagen im Horst. Der Fuchs in seinem Bau. Das Küken in seinem Nest.

Ja, die Ausreden oder Begründungen von *Das kann aber nicht sein-Schwangerschaften*, waren immer wieder erstaunlich und änderten sich in den Jahren leider nur wenig. Ganz gleich ob im Jahr 1990 oder zwanzig Jahre später im Jahr 2010, immer wieder gab es Patientinnen, die entweder recht unaufgeklärt waren oder ganz einfach nur naiv.

Neben der Tatsache, dass es immer wieder Frauen gibt, die ungewollt schwanger werden, so gibt es natürlich auch Frauen, denen dieses Glück einfach verwehrt bleibt. Die Gründe dafür können sehr unterschiedlich sein. Entweder kommen hormonelle Probleme oder aber auch Probleme mit den Eileitern oder der Gebärmutter in Frage. Doch auch der Mann ist gelegentlich nicht ganz *unschuldig*, so kann seine Spermienzahl entweder zu gering oder ganz einfach von schlechter Qualität sein. Beides kann mittels Test festgestellt werden. Ein ganz anderer Grund, welcher für den Mann meist äußerst unangenehm ist und ihm auch psychische Probleme bereiten kann, ist, wenn bei ihm eine *erektile Dysfunktion* vorliegt, er also ganz einfach Schwierigkeiten hat, ein ausreichend steifes Glied zu bekommen, um den Geschlechtsverkehr auszuüben. Im Volksmund spricht man hier auch von einer Impotenz.

Untersuchungen zufolge liegt die Ursache für eine Unfruchtbarkeit in 30 Prozent der Fälle bei der Frau. Bei 20 Prozent fällt diese auf den Mann zurück und bei fast der Hälfte aller Fälle auf beide Partner oder ist einfach nicht zu erklären.

Eine der Patientinnen von Dr. Conrad, die vor Jahren eine Fehlgeburt erlitten hatte, wurde danach über Monate einfach nicht mehr schwanger und war kurz davor, zu verzweifeln. Auch ihre Ehe stand kurz vor dem Aus, weil es mitunter vorkam, dass sie ihren Ehemann an manchen Tagen geradezu nötigte, Sex mit ihr zu haben. In der Praxis bedeutete dies, dass er genau dann seinen Mann stehen musste, wenn sie errechnet hatte, dass nun der richtige Moment für eine Empfängnis sei, ob er nun wollte oder nicht.

Irgendwann hatten sie es aufgegeben und sich damit abgefunden, je ein eigenes Kind zu bekommen. Doch wie heißt es so schön? Kinder sind ein Wunder der Natur und so passierte, was passieren musste. Wenige Wochen später, die Patientin hatte sich selbst den Druck genommen, schwanger zu werden, konnte sie erst nicht glauben, was ihr alle Anzeichen ihres Körpers verrieten: Sie war schwanger! Neun Monate später brachte sie ein gesundes Mädchen zur Welt – eine Prinzessin.

Offensichtlich war es in diesem Fall eine reine Kopfsache. Die Patientin hatte sich innerlich über Monate so unter Druck gesetzt, dass ihr Körper da einfach nicht mitspielen wollte. Doch kaum hatte sie sich damit arrangiert, kinderlos zu bleiben und von dem inneren Druck befreit, endlich schwanger zu werden, war sie es.

An dieser Stelle sei noch erwähnt, dass es interessanterweise bei ungefähr 16 Prozent der Paare auch nach einem Jahr ungeschützten Geschlechtsverkehrs nicht zu einer Empfängnis kommt.

Wenn es also selbst für Frauen, die in einer Beziehung oder einer Ehe lebten, nicht so leicht war ein Kind zu bekommen, was machten dann nur die Frauen, die sich nichts sehnlicher als ein Kind wünschten, denen aber der passende Partner fehlte? Oder was, wenn man zwar einen Partner hatte, dieser aber kein Kind wollte?

Diese Umstände machen es für die Frau besonders kompliziert. Auf der einen Seite möchte sie ein Kind, auf der anderen möchte sie sich aber auch nicht von ihrem Freund trennen. Diese Situation wird nicht einfacher, wenn die Frau bereits ein gewisses Alter von vielleicht Ende Dreißig erreicht hat. Immer wieder hört man Frauen dann sagen, dass ihre „biologische Uhr" ticken würde. Vielen Frauen in diesem Alter ist dabei offensichtlich nicht bewusst, dass ihre biologische Uhr dann aber schon seit fast zehn Jahren tickt. Zu denken, dass diese erst ab Mitte oder Ende Dreißig anfängt, langsamer zu ticken, ist ein weit verbreitetes Phänomen und leider auch ein Irrglaube.

Millionen von Frauen beschäftigen sich täglich mit der Frage, welches Alter für eine Schwangerschaft für sie das Richtige wäre. Dabei hängt der richtige Zeitpunkt von verschiedenen Faktoren ab. Wenn man bedenkt, dass jede Frau an nur maximal sechs Tagen im Monat schwanger werden kann, ist die Wahrscheinlichkeit also recht gering: Sie liegt bei etwa 20 bis 30 Prozent pro Zyklus. Und ja, ein weiterer nicht zu unterschätzender Faktor ist und bleibt nun einmal das Alter.

Biologisch betrachtet ist eine Frau zwischen dem 20sten und 29sten Lebensjahr im besten Alter, um schwanger zu werden, denn dann ist sie am fruchtbarsten. Auch das Risiko einer Fehlbildung des noch ungeborenen Kindes ist dann am geringsten. Ab einem Alter von 30 Jahren sinkt die Fruchtbarkeit, keine fünf Jahre später erreicht sie nur noch einen Durchschnittswert von etwa 25 Prozent.

Will eine Frau ab einem bestimmten Alter also unbedingt schwanger werden, ganz gleich ob mit oder ohne Partner, gäbe es verschiedene Möglichkeiten, diesen Traum wahr werden zu lassen. Sofern ein Partner vorhanden ist, ist die einfachste Variante, heimlich die Pille abzusetzen, vorausgesetzt, der Freund weiß auch, dass seine Partnerin diese nimmt. Hat das Paar zur Verhütung zuvor jedoch auf Kondome gesetzt, könnte es schwierig werden, dem Freund glaubhaft zu erklären, dass man plötzlich die Pille nimmt und er von nun an keine Kondome mehr benötigt. Diese Variante ist auch dann besonders fraglich, wenn das Paar zuvor bereits über ihren Kinderwunsch gesprochen hat, er diesen aber nicht mit ihr teilt.

Sofern das gängige Verhütungsmittel Kondome sind, so kann die Frau dieses natürlich manipulieren und beispielsweise das Reservoir an der Spitze des Kondoms mit ihren Fingernägeln einreißen. Dies könnte besonders in dem Moment sehr unauffällig funktionieren, wenn der Partner auf seinem Rücken liegt, sie ihm das Kondom höchstpersönlich über seinen Penis abrollt und sich dann sofort auf ihn setzt. Jedoch wäre es auch hier von Vorteil, wenn diese Position zuvor schon einmal praktiziert wurde, ansonsten könnte der Partner überrascht sein und unangenehme Fragen darüber stellen, warum sie dies ausgerechnet heute täte.

War die Frau aber nicht ganz so abgebrüht, ihre Schwangerschaft auf diesem Wege zu erreichen, so konnte sie natürlich auch in ihrem Freundes- oder Bekanntenkreis fragen. Vielleicht gab es hier ja jemanden, der ihr mit seinem Sperma aushelfen wollte. Wobei *aushelfen* sicherlich das falsche Wort war, schließlich bekam er dieses ja nicht irgendwann zurück. Auch wie diese sicherlich nett gemeinte Spende letztendlich ihr Ziel erreichen sollte, hätte geklärt werden müssen. Ganz davon abgesehen, dass die einst gute Freundin oder Bekannte plötzlich auf die Idee kommen konnte, von dem Spender Unterhaltskosten zu verlangen. Schließlich war er ja der Vater! Der Volksmund sagt zwar, dass beim Geld die Freundschaft aufhört, doch auch hier hatte Dr. Conrad schon von Fällen gehört, wo die Freundschaft eben nicht beim Geld aufgehört hatte, sondern, so verrückt es auch klingen mochte, beim Sperma.

Aufgehört, beziehungsweise den Kontakt zu ihm abgebrochen, hatte im Laufe der Karriere von Dr. Conrad auch Frau Talbach, eine seiner langjährigsten Patientinnen. Obwohl er fast zwei Jahrzehnte ihr behandelnder Gynäkologe und sie nach eigenen Aussagen auch immer zufrieden gewesen war, suchte sie ihn von heute auf morgen nie wieder auf. Vorausgegangen war auch hier ein, nennen wir es: Spendenskandal!

Auch Frau Talbach gehörte zu den Frauen, denen es leider nicht vergönnt war, den richtigen Lebenspartner zu finden, dennoch verspürte sie stets den großen Wunsch nach einem eigenen Kind. Regelmäßig hatte sie Dr. Conrad ihr Herz darüber ausgeschüttet, doch mehr als tröstende Worte konnte auch er ihr nicht zusprechen, schließlich war er nur Gynäkologe und kein Partnervermittler. Dennoch schlug er ihr einmal vor, in ihrem Freundes- und Bekanntenkreis zu fragen, ob jemand mit einer Samenspende „aushelfen" könnte.

Zunächst betrachtete sie den Vorschlag als schlechten Witz und konnte sich auch nicht vorstellen, wie dies in der Realität umzusetzen sei. Doch dann, eines schönen Tages, schien die Idee kein Witz mehr für sie zu sein. Auch die Umsetzung konnte sie sich nun plötzlich nicht mehr nur vorstellen, sondern hatte sie bereits bis ins Detail geplant und vorbereitet.

Der Spender dieser für sie so wertvollen Fracht kam jedoch weder aus ihrem Freundes- noch aus ihrem Bekanntenkreis, und auch eine Samenbank kam für sie ebenfalls nicht in Frage, denn eines hatte sie sich fest vorgenommen, sie wollte, nein, sie musste den Spender persönlich kennen. Ihren Vorstellungen zufolge musste der edle Spender natürlich auch gewisse Bedingungen erfüllen. Eine Mindestgröße von 180 cm war schon einmal die Grundvoraussetzung. Volles Haar, ein schmales Gesicht, gute Umgangsformen und ein entsprechender Bildungsgrad wären ebenfalls von Vorteil. Nein: Bedingung! So musste er entweder Lehrer, Pilot, Arzt, Unternehmer oder Journalist sein. So etwas Banales wie Einzelhandelskaufmann oder Straßenbahnfahrer sollten ihr auf keinen Fall in die Tüte, beziehungsweise in die Eizelle kommen. Eines Tages fiel es ihr dann wie Schuppen von den Augen, und sie tadelte sich selbst dafür, dass ihr dies erst so spät klar geworden war. Plötzlich wusste sie, wer als Spender in Frage kam.

Der auserwählte Spender war ihren Schätzungen nach mindestens 185 cm groß, hatte volles, dunkles Haar, das ersehnte schmale Gesicht mit gleichmäßigem Bartwuchs, sowie ein tadelloses Benehmen und absolut gute Umgangsformen. Dies wusste sie genau, schließlich kannte sie ihn ja schon seit Jahren. Auch die beruflichen Voraussetzungen entsprachen ihren Vorstellungen bis ins Detail. Zwar war er kein Pilot, aber ein hervorragender Arzt, dies wusste sie ebenfalls aus eigener Erfahrung. Der einzige Mann, der ihren Vorstellungen entsprach und alle Voraussetzungen erfüllte, um ihren Kinderwunsch unter diesen anderen Umständen zu realisieren und der als ihr Spender in Frage kam, war ihr eigener Gynäkologe: Dr. Conrad höchstpersönlich!

Auch wenn dieser noch nichts von seinem Glück wusste, geschweige denn auch nur ansatzweise erahnen konnte, so kam der Tag, an dem er von den geheimen Wünschen seiner Patientin erfahren sollte.

Dieser ganz besondere Tag war einer dieser schönen Sommertage, die man einfach nur genießen wollte. Auch Dr. Conrads Arbeitstag verlief zunächst ganz normal. Nichts deutete darauf hin, dass seine nächste Patientin eine ganz besondere Bombe platzen lassen und seine Praxis nur wenige Minuten später wieder verlassen würde, um sie niemals wieder zu betreten.

Nachdem Dr. Conrad die Vorsorgeuntersuchung bei Frau Talbach abgeschlossen hatte, stellte er seine obligatorische Frage, ob er sonst noch etwas für sie tun könne. Da Frau Talbach eine sehr angenehme Patientin war, bei der es nie zu nennenswerten Komplikationen oder auffälligen Befunden gekommen war, erwartete er nun ebenfalls ein standardisiertes *Nein danke, Herr Doktor.* Danach noch etwas Small Talk, vielleicht ein wenig Wehklagen über ihren immer noch andauernden Kinderwunsch, und zum Schluss ein fröhliches *Auf Wiedersehen und bis zum nächsten Mal.* Schon konnte er sich der nächsten Patientin widmen und sein Feierabend war in Sichtweite.

Doch an diesem Tag sollte alles ganz anders kommen. Kurz nachdem Frau Talbach sich wieder angezogen und vor Dr. Conrad an seinem Schreibtisch Platz genommen hatte, sprach sie ihn auf ihren lang gehegten Kinderwunsch und seinen vor Monaten gemachten Vorschlag an, sich einer Samenspende aus ihrem Freundes- oder Bekanntenkreis zu bedienen. Überrascht über ihren offensichtlichen Sinneswandel und gespannt auf das, was sie ihm weiter zu berichten hatte, unterbrach er sie nicht, sondern hörte ihr weiterhin aufmerksam zu. Doch je mehr sie ihn in ihre geheimen Wünsche einweihte, desto sprachloser und irritierter wurde er.

Wenn er alles richtig verstanden hatte, so war es tatsächlich der innigste Wunsch seiner Patientin, dass ihr nicht einer ihrer Freunde mit einer Samenspende aushelfen sollte, sondern er selbst. Er, Dr. Conrad, sollte Frau Talbachs Traum nach einem eigenen Kind in Erfüllung gehen lassen.

Zunächst einmal bedankte sich Dr. Conrad auf seine professionelle Art und Weise bei Frau Talbach für das ihm entgegengebrachte Vertrauen, verwies aber gleichzeitig auf die Tatsache, ein glücklich verheirateter Mann zu sein. Dies schien Frau Talbach jedoch nicht sonderlich zu interessieren, geschweige denn, sie von ihren Plänen abzubringen. Sogleich erwiderte sie, dass ja niemand etwas von seiner *guten Tat*, wie sie es von nun an formulierte, erfahren müsse.

Kaum hatte sie Dr. Conrad mitgeteilt, dass seine Ehe für sie keinen Hinderungsgrund darstelle, weihte sie ihn in ihre bis ins Detail geschmiedeten Pläne ein.

Zunächst einmal garantierte sie ihm, dass niemals irgendjemand erfahren sollte, dass Dr. Conrad der Vater ihres Kindes sei. Überall, wo sie zukünftig beispielsweise in Dokumenten würde Angaben über den Vater machen müssen, wollte sie *Vater unbekannt* eintragen. Ihr sei natürlich klar, dass er dies als reines Lippenbekenntnis deuten könnte und er sich da schon etwas mehr absichern müsste. Deshalb hatte sie in ihrem Perfektionismus ein Schriftstück mit der Überschrift *Verzichtserklärung* vorbereiten lassen, welches sie sogleich aus ihrer Handtasche zog. Es musste nur noch von Dr. Conrad unterschrieben werden. Offiziell entband ihn diese Verzichtserklärung bis zu seinem Lebensende von allen Unterhaltsforderungen oder anderen Verpflichtungen jeglicher Art. Im Falle seines Todes würde das Kind, also sein Kind, welches momentan ja noch nicht einmal geboren, geschweige denn gezeugt worden war, auf alle Erbansprüche verzichten. Da Frau Talbach selbst finanziell unabhängig war und es dem Kind in jeglicher Hinsicht an nichts fehlen würde, sollte Dr. Conrad hier unbesorgt sein.

Selbst wenn Dr. Conrad Frau Talbach an dieser Stelle gerne unterbrochen beziehungsweise das für ihn immer unangenehmer werdende Gespräch abgebrochen hätte, er hätte es nicht geschafft. Frau Talbach hatte sich inzwischen in Rage geredet und schien wie von Sinnen. Offenbar konnte sie den Moment kaum abwarten, in dem sie ihm alles erzählt hatte und er ihrer Idee sofort zustimmen würde. Dr. Conrad hingegen wünschte sich in diesem Moment einen Geheimknopf unter seinem Schreibtisch, der beim Drücken sofort dafür sorgen würde, dass die Patientin von zwei Sanitätern abgeholt und auf direktem Wege in die Psychiatrie gebracht wurde.

Nachdem Frau Talbach auf die einzelnen Punkte der Verzichtserklärung eingegangen war, kam sie auch schon zum nächsten Punkt, dem sicherlich wichtigsten und auch entscheidensten: Die Übergabe der Spende!

Was den eigentlichen Akt der Spende anging, so war Frau Talbach klar, dass Dr. Conrad nicht einfach mit einem kleinen Plastikbecher auf die Toilette seiner eigenen Praxis verschwinden konnte, um dort mal ganz nebenbei, sozusagen zwischen Tür und Angel, ihren mitgebrachten Becher mit seinem Ejakulat zu füllen. Hier sei sie es ihm zumindest schuldig, dass das ganze Procedere, welches ihr eigenes Leben auf so wunderbare Weise verändern sollte, auch für ihn in einem würdigen Rahmen stattfinden solle. Gut, sicherlich müsse er im Laufe eines Arbeitstages auch einmal zur Toilette, doch seiner Sprechstundenhilfe wäre es bestimmt äußerst suspekt erschienen, dass ihr Chef ausgerechnet dann zur Toilette ginge, wenn sich eine seiner Patientinnen noch im Untersuchungsraum befand.

Ihrem Plan zufolge könne man den Spieß ganz einfach umdrehen. Nicht Dr. Conrad sollte das Behandlungszimmer in Richtung Toilette verlassen, sondern sie selbst. Kurzerhand stellte sie ihren mitgebrachten Plastikbecher auf Dr. Conrads Schreibtisch. Auch für seine Stimulation hatte sie in Form von zwei Playboy-Magazinen vorgesorgt, welche sie ihm ungeniert neben den Plastikbecher legte. Doch als wäre dies noch nicht genug der Peinlichkeit, gab sie ihm noch mit den fürsorglichen Worten einer Mutter zu verstehen, dass er die Magazine im Anschluss gerne behalten könne, sie jedenfalls würde keine Verwendung dafür haben.

In einem kaum hörbaren Flüsterton teilte sie Dr. Conrad weiterhin mit, dass er in dem oberen der beiden Magazine einen Umschlag finden würde, in dem er ihr großzügiges Dankeschön für seine gute Tat finden würde. Natürlich wisse sie, dass seine Spendenbereitschaft eine ganz besondere Hilfe war, für die sie sich auch ganz besonders bedanken wolle, und so hatte sie in dem Umschlag zwanzig Fünfhundert-Euro-Scheine deponiert.

Nachdem für sie alles geklärt war, erhob sie sich von ihrem Stuhl, um das Zimmer zu verlassen, schließlich war es nun an Dr. Conrad, seiner in ihren Augen ärztlichen Pflicht nachzukommen.

Kaum hatte sie die Zimmertür erreicht, drehte sie sich noch einmal zu ihm um. Mit einem dankbaren Lächeln auf ihren Lippen und in einem freundlichen sowie zufriedenen Tonfall sagte sie ihm, dass sie nun zur Toilette gehen werde und er sie nach seiner guten Tat einfach wieder aus dem Wartezimmer rufen solle, um dann den entscheidenden Akt der Befruchtung zu vollziehen.

Für die Aktivitäten seiner Spendenbereitschaft, wie sie es nannte, solle er sich jetzt aber zunächst einmal genügend Zeit lassen, schließlich habe sie so viele Jahre gewartet, da komme es auf ein oder zwei Minuten länger auch nicht mehr an.

Auf genau diesen entscheidenden Punkt ihres Plans hatte Frau Talbach keinen Einfluss. Hier fehlte ihr nicht nur die Erfahrung, sondern ganz einfach auch die Vorstellungskraft darüber, wie lange Dr. Conrad für dieses Procedere brauchen würde. Wie lange konnte so etwas schon dauern? Grob kalkuliert rechnete sie mit acht bis zehn Minuten. Ohne eine richtige Partnerin, aber mit den von ihr zur Verfügung gestellten Playboy-Magazinen, kalkulierte sie vier Minuten dafür ein, bis Dr. Conrads bestes Stück die für ihn perfekte Standfestigkeit erreicht hatte. Danach dauerte es vielleicht noch einmal zwei bis drei Minuten, bis die kostbare Ladung in ihrem Plastikbecher gelandet war. Im Anschluss würde er diese sogleich in eine vorbereitete Spritze oder was auch immer man für solch einen Vorgang benötigte, umfüllen und sich noch kurz die Hände waschen. Zum großen Finale würde er sie wieder zu sich in sein Behandlungszimmer rufen, um die Spende unmittelbar danach an ihrem Endpunkt zu platzieren.

Noch bevor Frau Talbach die Türklinke nach unten drücken und das Zimmer verlassen konnte, erhob sich Dr. Conrad von seinem Stuhl. Mit einem ernsten Gesichtsausdruck und fester Stimme zitierte er sie zurück zu seinem Schreibtisch. Nachdem sie dieser Aufforderung offensichtlich nicht nachkommen wollte, wiederholte er seine Bitte noch einmal und betonte, dass dies keine Bitte, sondern vielmehr eine Aufforderung sei.

„Aber Herr Doktor", kam es ihr mit einem fragenden Gesichtsausdruck über die Lippen, und ein leicht irritiertes *„in was für einem Ton reden Sie denn mit mir?"* sollte folgen.

„Frau Talbach, bitte nehmen Sie doch noch einmal für einen Moment Platz!", entgegnete ihr Dr. Conrad sofort, ohne auch nur im Geringsten auf ihren Vorwurf einzugehen. Kaum hatte sie wie ein beleidigtes 13-jähriges Mädchen, das sich überhaupt keines Fehlverhalten bewusst war, vor ihm Platz genommen, begann Dr. Conrad damit, seiner Patientin so höflich wie gleichzeitig auch diplomatisch zu erklären, dass hier offensichtlich ein absolutes Missverständnis vorliege und sie selbst sich offenbar in etwas hineingesteigert habe, das er sich nicht erklären könne. Sofern er ihr aber an irgendeinem Tag einmal Hoffnungen auf das gemacht haben sollte, was sie nun offensichtlich bis ins kleinste Detail geplant habe, so entschuldige er sich für diese falschen Hoffnungen. Noch einmal betonte er, dass er gleich zu Beginn ihrer Ausführungen angedeutet habe, dass er ein glücklich verheirateter Mann sei und es auch nicht zu seinen Aufgaben als Gynäkologe gehöre, seine Patientinnen mit Sperma zu versorgen.

Bei diesen völlig unerwarteten Neuigkeiten wurden Frau Talbachs Augen immer größer und es schien, als wollte sie noch einmal *„Aber Herr Doktor"* sagen. Doch bevor sie dazu kam, fuhr dieser mit seinen Ausführungen fort und erklärte, dass er nicht vorhabe, jetzt, hier und am besten sofort auf ihr Kommando, in einen Plastikbecher zu onanieren, um im Anschluss zu versuchen, sie mit seinem Ejakulat zu befruchten. Noch einmal wiederholte er die Frage, wie es nur so weit habe kommen können, dass sie sich in eine so dermaßen fixe Idee verrannt habe.

„Fixe Idee?", hörte man Frau Talbach plötzlich sagen. *„Sie betrachten meinen jahrelangen Kinderwunsch als fixe Idee?"*, wiederholte sie noch einmal.

Nun war es Frau Talbach, die sich von ihrem Stuhl erhob. Ohne auch noch ein einziges Wort zu sagen, griff sie zunächst nach dem von ihr selbst mitgebrachten Plastikbecher und verstaute ihn in ihrer Handtasche. Danach griff sie zu den beiden Playboy-Magazinen, klemmte sich diese unter ihren rechten Oberarm und ohne Dr. Conrad auch noch eines einzigen Blickes zu würdigen, marschierte sie in Richtung Tür. Bevor sie diese öffnete, drehte sie sich noch einmal zu ihm herum und sprach ihre letzten entscheidenden Worte in seine Richtung: *„Fixe Idee? Noch nie in meinem Leben wurde ich so gedemütigt, Dr. Conrad. Und nun ausgerechnet von Ihnen!"*

Danach öffnete sie die Tür und bevor sie das Zimmer für immer verließ, das sie nie wieder betreten sollte, schüttelte sie noch einmal verständnislos ihren Kopf und Dr. Conrad hörte ein letztes Mal: *„Fixe Idee!"*

Herrenbesuch

Dr. Conrad war ein Arzt alter Schule. Er studierte zu einer Zeit, zu der es weder Internet, Coffee-to-go-Becher noch E-Scooter gab. Ultraschallgeräte waren zu Beginn seiner Karriere bei weitem nicht so gut, wie sie es zu Ende seiner beruflichen Laufbahn waren und Hausbesuche schienen für Ärzte etwas ganz Natürliches zu sein. Auch gab es in den 1980er Jahren nur zwei Geschlechter. Entweder gebar die Patientin ein Mädchen oder eben einen Jungen. Bei Letzterem kam es zwar hin und wieder vor, dass das Geschlecht des vermeintlichen Jungen nicht eindeutig bestimmt werden konnte, da sein Penis recht klein, beziehungsweise gar nicht sichtbar war. Bei solchen *intersexuellen Menschen* kann das Geschlecht nicht sofort eindeutig zugeordnet werden. Ihre Chromosomen, Hormone, Keimdrüsen und Genitalien weisen sowohl männliche als auch weibliche Elemente auf. Es gibt viele Variationen, und nicht alle sind sofort an einem auffälligen Genital sichtbar. Manche intersexuelle Menschen sehen weiblich aus, haben aber statt Gebärmutter und Eierstöcken Hoden im Bauchraum. Experten schätzen, dass in Deutschland jährlich 150 bis 200 Kinder mit einem nicht eindeutigen Geschlecht zur Welt kommen. In solchen Fällen wurde ab den 1960er Jahren nicht lange gefackelt, sondern gehandelt. Dort, wo Mutter Natur ihre Schöpfung auch nach neun Monaten scheinbar noch nicht vollendet hatte, war der Mensch inzwischen in der Lage, Abhilfe zu schaffen. So wurde bei Kindern mit nicht eindeutig bestimmbarem Geschlecht häufig bereits im Neugeborenen-Alter eine sogenannte *genitalangleichende Operation* durchgeführt. Dazu gehörten zum Beispiel die Anlage einer Neovagina, also die Verkleinerung des Genitals auf eine eindeutige, meist weibliche Größe und die Entfernung eventuell vorhandener Hoden.

Diese medizinische Geschlechtsangleichung, beziehungsweise Festlegung, wurde zumeist ohne Einwilligung der Eltern durchgeführt. Auch eine hinreichende Aufklärung über die mit diesen Eingriffen einhergehenden Risiken und medizinisch notwendigen Folgebehandlungen erfolgte nur selten. Dass diese Maßnahmen ein irreversibler Eingriff in die persönliche Identität des Kindes waren, wurde den Eltern ebenfalls nicht weiter erklärt.

Hatten diese den ersten Schock überwunden, wurden Eltern intersexueller Kinder ab den 1970er Jahren mit eher praktischen als rechtlichen Fragen konfrontiert. Diese betrafen jedoch meist das eigene Leben, nicht aber das ihres „betroffenen" Kindes. Einer Studie zufolge stellen sich Mütter und Väter anfangs eher ganz banale Fragen wie: *Was ziehe ich ihm an?* oder: *Wie rede ich mein Kind an?* Erst später folgen die viel wichtigeren Fragen wie: *Auf welche Toilette soll mein Kind später einmal gehen?* oder: *In welcher Dusche soll mein Kind nach dem Schulsport duschen?*

Heute, im 21. Jahrhundert, wo längst das dritte Geschlecht *diverse* eingeführt wurde, welches sich inzwischen wie selbstverständlich auch durch Nennungen wie *m/w/d* in Stellenausschreibungen wiederfindet, hat sich für die betroffenen Menschen vieles zum Positiven verändert.

Leider sah dies vor drei oder vier Jahrzehnten ganz anders aus, vielleicht auch deshalb, weil Ärzte sich ein, und sei es nur vorübergehendes, Aufwachsen in einem nicht festgelegten Geschlecht einfach nicht vorstellen konnten oder wollten, und eine Geschlechtsangleichung, beziehungsweise Festlegung, das einzig Richtige für sie war.

Und welche Mutter oder welcher Vater würde eine vom Arzt empfohlene Operation ablehnen, bei der zum Beispiel die Hoden im Bauchraum entfernt werden sollten, weil dies ein erhöhtes Krebsrisiko verringern würde? Niemand fragte damals, ob der Eingriff nicht die Rechte des Kindes verletzte, weil dies nicht selbst über seinen Körper entscheiden konnte.

Einige Selbsthilfegruppen prangern diese sogenannten geschlechtsangleichenden Operationen heute sogar als Menschenrechtsverletzung an.

Für viele Ärzte war Intersexualität ein Thema, mit dem sie sich erst im Laufe ihres Berufslebens intensiver auseinandergesetzt hatten. Auch Dr. Conrad begann sich mit den Themen Geschlechtsangleichung, Transgender, Inter- oder Transsexualität erst Ende der 1990er intensiver zu beschäftigen, denn bei der Vielzahl der zu erwartenden Geburten, bei denen er in den nächsten Jahrzehnten noch anwesend sein würde, sollte es nur eine Frage der Zeit sein, bis auch er einem Baby auf die Welt verhalf, dessen Geschlecht nicht sofort zuzuordnen war.

Viele Jahre später war das Thema Geschlechtsangleichung oder auch Umwandlung in vielen Köpfen der Bevölkerung nicht nur präsent, sondern wurde auch als „normal" angesehen, eben als eine Laune der Natur, die man per Operation korrigieren konnte. Natürlich gab es auch immer noch die Menschen, die mit dieser Laune der Natur nur wenig anfangen konnten und betroffene Menschen als unnormal, abartig oder krank bezeichneten. Doch wie so Vieles, wovon nur eine Minderheit der Menschen betroffen war, brauchte es auch hier seine Zeit, eine Akzeptanz aufzubauen. Zu dieser positiven Entwicklung trugen glücklicherweise auch immer wieder Prominente bei, die sich nicht nur für eine Geschlechtsumwandlung entschieden hatten, sondern dies auch über die Medien öffentlich machten. Prominentestes Beispiel in Deutschland war sicherlich die ehemalige Stabhochspringerin Yvonne Buschbaum, die im Jahr 2000 sogar den sechsten Platz bei den Olympischen Sommerspielen in Sydney errang. Ende 2007 outete sie sich und begann mit einer Hormontherapie. Danach unterzog sie sich im Alter von 28

Jahren einer geschlechtsangleichenden Operation und lebt seit dem unter dem Namen Balian Buschbaum.

Im November 2016 sollte auch für Dr. Conrad einer der Tage kommen, an denen er sich mit diesem Thema völlig überraschend beschäftigen musste. Was Dr. Conrad aber gar nicht mochte, waren unvorhersehbare Situationen. Gerade bei Operationen war sein Motto deshalb von jeher, dass Spontanität gut geplant sein musste.

Zu der unerwarteten Überraschung, die an diesem Tag auf ihn wartete, trug sicherlich auch eine seiner Sprechstundenhelferinnen bei, die ihren eigenen Chef durch eine wie selbstverständlich formulierte Aussage ins sprichwörtlich offene Messer laufen ließ. Unglücklicherweise hatte sich für die folgende Situation bisher auch noch niemand einen Code einfallen lassen und so passierte, was passieren musste.

Wie gewöhnlich verließ Dr. Conrad, nachdem er eine Patientin fertig untersucht hatte, das Behandlungszimmer, und suchte noch einmal die Rezeption auf, bevor er sich der nächsten Patientin widmete. Hier deponierte er entweder nur die Patientenkarte, oder wechselte noch ein paar Worte mit seinen Sprechstundenhelferinnen. Danach begab er sich unverzüglich ins nächste Behandlungszimmer, wo schon eine neue Patientin auf ihn wartete. Da seine Mitarbeiterinnen die Patientinnen zuvor stets nach dem Grund ihres Besuches fragten, konnten sie meist im Vorfeld abschätzen, welche Untersuchung Dr. Conrad durchführen würde und ob sie dabei assistieren mussten. War dies der Fall, wurde er routinemäßig von einer seiner Mitarbeiterinnen ins Behandlungszimmer begleitet. Auf dem Weg dorthin versorgte diese ihn automatisch mit den ersten wichtigen Informationen, wie Name der Patientin und welche Beschwerden sie hatte. Auch bei der nächsten Patientin war abzusehen, dass Dr. Conrad bei der Untersuchung eine Assistentin benötigte, und so wurde er von seiner langjährigen Mitarbeiterin Frau

Möller begleitet, die ihn kurz vor Erreichen der Tür zum Behandlungszimmer darüber aufklärte, dass nun Herr Springer mit einem Abszess an seinen Schamlippen auf ihn warten würde.

Als sie ihn mit diesen Informationen versorgt hatte, blieb ihm kaum Zeit, diese zu verarbeiten, geschweige denn, angemessen zu reagieren oder noch einmal nachzufragen. Tief im Innern wusste er aber, dass beide Informationen irgendwie nicht zusammenpassen wollten und schon hatte er die Tür zum Behandlungszimmer geöffnet. Wie war doch gleich der Name der Patientin?

Der Anblick, der sich Dr. Conrad bot, war wieder einer, den er ebenfalls nie in seinem Leben vergessen würde. Seine nächste Patientin hatte es sich bereits auf dem Behandlungsstuhl bequem gemacht und bei ihrem Anblick blieb Dr. Conrad nichts anderes übrig, als alle optischen Puzzleteile, die sich ihm präsentierten, blitzartig zu speichern, zu verarbeiten und professionell zusammenzufügen. Das vorliegende Puzzle bestand in der Mitte aus einem rot-schwarz karierten Holzfällerhemd, welches die Patientin noch trug und bis zum Bauchnabel hochgezogen hatte, weiter oben aus einem recht dünnen und aus weichen, dunkelbraunen Haaren bestehenden Vollbart und unten aus einem hellbraunen Paar Caterpillar-Schuhe, die ursprünglich auf Baustellen getragen wurden, sich im Laufe der Jahre aber auch zu einem Modeschuh entwickelt hatten und nun neben dem Behandlungsstuhl auf dem Fußboden standen.

Noch einmal warf Dr. Conrad einen Blick auf die Patientenkarte, wo er es schwarz auf weiß lesen konnte: Vor ihm lag Herr Springer! Erneut wanderte seine Blickrichtung zwischen dessen Beine und es gab keine Zweifel. Neben einem Vollbart, einem Holzfällerhemd und den klobigen Bauarbeiterschuhen hatte Herr Springer auch eine Vagina!

Rational betrachtet war für Dr. Conrad als Gynäkologen neben der weiblichen Brust auch eine vorhandene Vagina eine nicht unerhebliche Grundvoraussetzung für eine Untersuchung. Da Herr Springer diese ganz offensichtlich vorweisen konnte und sein zarter Vollbart mehr aus weichem Flaum, als aus festen, kräftigen Haaren bestand, gab es also nur eine Möglichkeit: Aus Frau Springer musste inzwischen ganz offiziell Herr Springer geworden sein, was für Dr. Conrad kein Problem darstellte. Dennoch hätte er sich gewünscht, dass man ihn vorgewarnt hätte, zumal Personen, die sich gerade in einer Geschlechtsumwandlung befanden, für gewöhnlich über diesen doch sehr wichtigen Zeitraum von ein und demselben Arzt betreut wurden und nicht plötzlich zu einem anderen Arzt gingen.

Was Herrn Springer betraf, so hatte dieser seine Geschlechtsangleichung offensichtlich fast vollendet. Nur wenige Wochen nach dem Besuch in Dr. Conrads Praxis wurde auch die recht komplizierte und finale Angleichung des Intimbereiches in mehreren Operationen vorgenommen.

Ein Kessel Buntes

Wie bereits im Vorwort erwähnt, ist der Beruf des Gynäkologen gleichzeitig sehr vielfältig und abwechslungsreich. In all den Jahren hatte Dr. Conrad es nie bereut, sich für genau diese Fachrichtung entschieden zu haben. Schon während seines Studiums deutete irgendwann einmal alles darauf hin, dass für ihn nur zwei Fachrichtungen in Frage kommen würden: Kinderarzt oder Gynäkologe!

Im Laufe der Zeit musste er aber feststellen, dass man es als Kinderarzt nur allzu oft mit zwei Patienten gleichzeitig zu hat. Dem Kind und der Mutter! Denn neben dem kranken Kind ist natürlich auch meist die Mutter bei der Untersuchung oder der Behandlung dabei, was Dr. Conrad aufgrund derer vieler Nachfragen mitunter als recht anstrengend empfand. So ergab es sich, dass er den Weg des Gynäkologen einschlug.

Die bis hier erzählten, teils skurrilen, mitunter aber auch amüsanten Geschichten aus Dr. Conrads beruflicher Laufbahn geben natürlich nur einen kleinen Einblick in dessen jahrelange Arbeit.

Im nun folgenden und gleichzeitig letzten Kapitel dieses Buches werden nicht minder verrückte und zugleich einprägende Erlebnisse kurz und knapp erzählt.

Eines dieser Erlebnisse ereignete sich gleich zu Beginn der Facharztzeit von Dr. Conrad und sollte eines der enttäuschendsten seiner beruflichen Laufbahn werden. Enttäuschend deshalb, weil er das erste Mal erfahren musste, wie abgebrüht Patientinnen mitunter sein können, und sie auch nicht davor zurückschreckten, ihm eiskalt ins Gesicht zu lügen und Schmerzen offenbar nur deshalb vortäuschten, um sich einen finanziellen Vorteil zu verschaffen.

Sich immer wieder vor Augen haltend, dass der Ursprungsgedanke des Medizinstudiums der war, dem Menschen in gesundheitlichen Fragen helfen zu wollen, so macht man sich als Arzt natürlich auch Vorwürfe oder geriet zumindest ins Grübeln, wenn man keine Diagnose stellen konnte, also keine Ursache für das Leiden des Patienten fand.

So geschah es eines Tages, Dr. Conrad arbeitete gerade in einer Berliner Klinik, dass er von einer Patientin aufgesucht wurde, die sich in der dreißigsten Schwangerschaftswoche befand. Nach eigenen Aussagen litt sie unter starken Schmerzen im Becken, den Oberschenkeln, sowie im Leistenbereich. Auch über leichten Durchfall klagte sie, war aber der Annahme, dass der Grund hierfür wohl eher bei ihrem letzten Besuch in einem chinesischen Restaurant vor wenigen Tagen zu suchen war. Den wässerigen, rosafarbenen, manchmal auch bräunlichen Ausfluss aus ihrer Scheide konnte sie sich jedoch nicht erklären.

Grund für derartige Beschwerden war oftmals das vorzeitige Einsetzen der Wehen, was für die Patientin in den meisten Fällen bedeutete, dass sie sich schonen und die nächste Zeit liegend im Bett verbringen musste. Tat sie dies nicht, bestand die Gefahr, dass sich der Muttermund öffnete oder sich der Gebärmutterhals verkürzte. Durch das Liegen sollte die Frau zur Ruhe kommen und der Druck auf den Muttermund nachlassen.

Um Dr. Conrads Patientin keiner unnötigen Gefahr auszusetzen, wurde nach ausführlichen Untersuchungen entschieden, die Patientin zunächst nur für ein paar Tage zur Beobachtung in der Klinik aufzunehmen und sie mit Wehen hemmenden Mittel zu behandeln. Doch auch ein paar Tage später klagte sie weiterhin über Schmerzen in den Oberschenkeln und im Beckenbereich. Ihr Durchfall hatte sich inzwischen zwar wieder zu einem normalen Stuhlgang entwickelt, doch nun war ein zusätzliches Druckgefühl im Rücken hinzugekommen.

Sowohl für Dr. Conrad als auch für seine Kollegin war dies ein besonderer Fall, denn obwohl alle Anzeichen dafür sprachen, dass die Patientin keine Beschwerden haben dürfte, wollten ihre Schmerzen nach eigenen Aussagen einfach nicht nachlassen. So vergingen nicht nur ein paar Tage, sondern Wochen, die die Patientin im Krankenhaus verbrachte. Letztlich sollte sie es bis zur Geburt ihres Kindes nicht mehr verlassen und auf einen Klinikaufenthalt von fast zehn Wochen kommen.

Die große und zugleich enttäuschende Überraschung für das ganze Ärzteteam sollte nur wenige Tage nach der Geburt des Kindes per Post ins Krankenhaus flattern. Offensichtlich hatte die Patientin eine Krankenhaustagegeldversicherung, sodass sie das Krankenhaus nun darum bat, das beigefügte Versicherungsformular auszufüllen, in dem fein säuberlich eingetragen werden sollte, wie viele Tage sie sich in der Klinik aufgehalten hatte. Plötzlich war allen Ärzten, die die Patientin im Laufe der vergangenen zehn Wochen behandelt hatten, klar, warum sie die geschilderten Schmerzen der Patientin, trotz medikamentöser Behandlung, nicht so recht einordnen konnten. Offensichtlich ging es der Patientin von Anfang an nur darum, so viele Tage wie möglich in der Klinik zu verbringen, um sich diese am Ende von der Versicherung fürstlich entschädigen zu lassen. Sofern das Krankenhaustagegeld eine Höhe von „nur" 30,00 DM betrug, die Patientin hatte fast siebzig Tage im Krankenhaus verbracht, kam so eine doch recht stattliche Summe von über zweitausend Mark zusammen. Grob gerechnet hatte die Patientin sich auf diese Weise wohl die Grundausstattung für ihr Baby „erarbeitet".

Dieses, gelinde ausgedrückt, unfaire Verhalten der Patientin sorgte auch Wochen später noch für Gesprächsstoff und Kopfschütteln unter den Ärzten.

Doch auch viele Jahre danach, längst war eine andere Generation Frau herangewachsen, auch die „Pille danach" gab es inzwischen rezeptfrei und konnte nach Gutdünken aus der Apotheke geholt werden, ließen einige Frauen nichts unversucht, ihren behandelnden Arzt mit Fehlinformationen hinters Licht zu führen. Anders ausgedrückt: Durch das Zurückhalten von wichtigen Informationen versuchten einige Frauen, sich ihrer Meinung nach einen Vorteil zu verschaffen, ungeachtet der Tatsache, dass dieser aus medizinischer Sicht gesundheitliche Folgen für sie haben konnte.

Eigenartigerweise sprachen viele Patienten immer davon, dass sie diesem oder jenem Arzt vertrauen würden, doch wie war das eigentlich mit den Ärzten: Konnten diese auch immer ihren Patienten vertrauen?

Einer der ungeliebten 24-Stunden-Dienste, die Dr. Conrad irgendwann an einem Wochenende ableisten musste, sollte wieder einmal den Beweis dafür erbringen, dass es einige Frauen faustdick hinter den Ohren hatten, ganz gleich welchen Alters sie waren oder aus welcher Gesellschaftsschicht sie kamen. Um ihr Ziel zu erreichen, logen sie, was das Zeug hielt, setzten ihren Dackelblick auf, senkten ihren Kopf zur Seite und spielten mit ihrem Haar, konnten auf Kommando weinen oder zupften sich auch schon mal ihr Oberteil so zurecht, dass es einen verführerischen Einblick gewährte. Dummerweise hatte die Patientin, um die es nun gehen soll, scheinbar nicht mit dem technischen Fortschritt einer Hamburger Klinik gerechnet und lief somit ins sprichwörtlich offene Messer.

Während des bereits erwähnten 24-Stunden-Dienstes, es war noch zu der Zeit, als Frauen für die Pille danach ein Rezept benötigten und sich beraten lassen mussten, suchte gegen 1:00 Uhr nachts Frau Brinkmann, eine etwa 22-jährige Patientin, die gynäkologische Notfallambulanz der Klinik auf und schilderte Dr. Conrad kurz von ihrem sexuellen Abenteuer, welches sie erst vor wenigen Stunden mit ihrem Freund hatte. Ihren Angaben zufolge hatte dieser zur Verhütung zwar ein Kondom benutzt, welches aber unglücklicherweise im entscheidenden Moment geplatzt oder vom Penis ihres Freundes gerutscht war, so ganz genau wusste sie das selber nicht mehr. Da sie vor kurzem von der *Pille danach* gehört hatte, wollte sie diese nun von Dr. Conrad verschrieben bekommen. *Kondom geplatzt* oder *Kondom vom Penis gerutscht*, schoss es Dr. Conrad als erstes durch den Kopf, und er bemerkte, wie er seine Augenbrauen automatisch fragend nach oben zog. Gleichzeitig stellte er fest, dass der Wunsch nach der *Pille danach* an diesem Tag recht spät kam, denn in einer durchschnittlichen Freitag- oder Samstagnacht, wurde dieser nur allzu oft erstmals bereits vor 21:00 Uhr geäußert. An „heißen Tagen", wie er und seine Kollegen diese Zeit ironischerweise nannten, kamen dann auch schon mal vier bis fünf Patientinnen pro Nacht, um sich diese vermeintliche Wunderpille verschreiben zu lassen. Ein solcher Andrang von Patientinnen wurde im Aufenthaltsraum der Ärzte von einem angehenden Facharzt einmal mit den Worten kommentiert, dass die ganze Stadt offensichtlich gerade wieder Spaß hatte und bis zum Hals im feucht-fröhlichen Vergnügen steckte, nur er würde arbeiten und die Spaßfolgen der anderen beseitigen müssen. Auch der Vergleich mit einer Putzfrau rutschte ihm einmal heraus, weil er das Gefühl hatte, den ganzen Dreck wieder wegmachen zu müssen. Auch wenn dieser Kommentar unter den Kollegen für einen Lacher sorgte, so wurde er vom leitenden Stationsarzt sofort darum gebeten, solche Sprüche zukünftig zu unterlassen, denn im hektischen Treiben des Krankenhausalltags könnte es durchaus einmal passieren, dass nicht alle Türen richtig verschlossen waren, und auf keinen Fall dürften die Patientinnen solche Sprüche hören und ihnen im schlimmsten Fall das Gefühl geben, dass hinter ihrem Rücken schlecht gesprochen wurde.

Während sich Dr. Conrad mit Frau Brinkmann unterhielt, überflog er gleichzeitig ihre im Computer gespeicherten Daten und machte eine interessante Entdeckung, die ihn nicht nur verärgerte, sondern ihm auch das Gefühl gab, gerade veräppelt und wissentlich belogen zu werden. Nur um ganz sicher zu gehen, fragte er noch einmal nach, ob er gerade alles richtig verstanden und sie bislang nur von der *Pille danach* gehört, selber aber noch nie genommen habe. Dies bestätigte sie sofort und fügte hinzu, dass sie den Tipp von einer ihrer Freundinnen bekommen habe. Nach dieser Aussage atmete Dr. Conrad tief und hörbar ein und konfrontierte Frau Brinkmann sofort mit den Daten, die ihm aus dem Computer vorlagen. Demzufolge war Frau Brinkmann die *Pille danach* erst vor sechs Tagen in einem anderen Hamburger Krankenhaus verschrieben worden. Offensichtlich war ihr nun klar, dass sie dort nach einer so kurzen Zeit nicht schon wieder auftauchen konnte, und so versuchte sie es nun in einem anderen Krankenhaus, nichtahnend, dass diese miteinander vernetzt waren und so jeder Arzt Zugriff auf ihre Patientendaten hatte.

Ertappt und verschämt zugleich schaute Frau Brinkmann auf den Fußboden. *„Tja, nun ist also nicht nur das Kondom geplatzt, sondern auch die Bombe des Lügens!"* Mit diesen knappen Worten tadelte Dr. Conrad Frau Brinkmann und erklärte ihr im Anschluss wieder ganz sachlich, dass er es nicht gutheißen könne, dass sie ihn belogen habe, schließlich sei er es doch, den sie aufgesucht habe, damit ihr geholfen würde. Helfen könne er ihr aber nur, und dies betonte er noch einmal ausdrücklich, wenn sie ihm zuvor die Wahrheit sagen würde.

Mit diesen belehrenden Worten ließ er die Angelegenheit auf sich beruhen und begann damit, Frau Brinkmann zu erklären, warum dies gerade bei der Pille danach so wichtig war. Diese würde auf der einen Seite zwar eine Schwangerschaft verhindern, doch hatte sie auf der anderen Seite auch gewisse Nebenwirkungen wie Übelkeit, Schwindel, Kopfschmerzen, Müdigkeit, Schmerzen im Unterbauch oder Brustspannen. Auch Durchfall und Erbrechen waren keine Seltenheit. Gerade nach dem Erbrechen gab es entscheidende Dinge, auf die die Patientin achten musste. Erbrach sie nämlich innerhalb von drei Stunden nach der Einnahme, so war es erforderlich, dass kurz danach eine zweite Pille eingenommen wurde, weil der Körper die Wirkstoffe zuvor möglicherweise noch nicht vollständig aufgenommen hatte. Um genau dieses Erbrechen zu verhindern, empfahl Dr. Conrad seinen Patientinnen stets, vor der Tabletten-Einnahme etwas zu essen.

Nach all diesen Informationen zeigte sich Frau Brinkmann zwar einsichtig, auch tat ihr ihre Notlüge offensichtlich leid, dennoch bat sie nun schon fast fordernd um die Tablette.

„Nein, nein, Frau Brinkmann", quittierte Dr. Conrad ihren Wunsch. *„Zunächst einmal kläre ich Sie über die Pille danach auf, und im Anschluss sollten wir uns einmal über ihren Freund unterhalten."*

Verunsichert wollte sie wissen, warum man denn über ihren Freund sprechen müsse, worauf ihr Dr. Conrad unmittelbar zu verstehen gab, dass man diesem vielleicht einmal zeigen sollte, wie man ein Kondom richtig anwendete. Sollte ihrem Freund innerhalb von sieben Tagen das Kondom tatsächlich gleich zweimal von seinem Penis gerutscht sein, so würde es sicherlich von Vorteil sein, wenn sie mit ihrem Freund in den nächsten Tagen einmal gemeinsam in seine Sprechstunde käme, damit er ihnen zeigen könne, wie sich ihr Freund ein Kondom richtig über sein erigiertes Glied ziehen müsse, um das Abrutschen, beziehungsweise Herunterrollen, zu verhindern, schließlich könne sie sich zukünftig nicht jede Woche die *Pille danach* verschreiben lassen.

Nun begann Frau Brinkmann zu lachen und sie bezweifelte stark, dass ihr Freund sich darauf einlassen würde, sich von einem Arzt zeigen zu lassen, wie er ein Kondom über seinen Penis zu ziehen habe. Dr. Conrad fand dies gar nicht zum Lachen und so wollte er von Frau Brinkmann wissen, ob sie überhaupt eine Vorstellung darüber habe, was in ihrem Körper nach der Einnahme passiere?

Natürlich wusste sie dies nicht und so kam er nicht umhin, sie noch einmal intensiv über das Medikament aufzuklären. Das Wort *Medikament* betonte er dabei besonders, schließlich handelte es sich bei der *Pille danach* nicht um irgendein ein süßes Lutschbonbon, dass man sich mal eben zwischen Tür und Angel einwarf, nein, es war ein jahrelang erforschtes und getestetes Medikament. Anders ausgedrückt: Ein Verhütungsmittel für den Notfall.

So machte er ihr noch einmal deutlich, dass sie mit der Einnahme dieser Pille zu einem Mittel greife, das, wie auch die Anti-Baby-Pille, nicht nur in ihren Hormonhaushalt eingreife, sondern auch in andere Stoffwechselvorgänge. Nach der Einnahme könne sich auch ihre Menstruation um einige Tage verschieben, sowohl nach vorne als auch nach hinten. Sollte diese zum Beispiel mehr als sieben Tage ausgeblieben oder deutlich schwächer oder stärker als normalerweise üblich verlaufen, so empfahl er ihr eine gynäkologische Nachkontrolle, die sie auch durch ihren Frauenarzt durchführen lassen könne, demzufolge also nicht mehr zu ihm ins Krankenhaus kommen müsse, was sie wieder hellhörig werden ließ.

Letztendlich verschrieb Dr. Conrad die gewünschte Pille und war sich sicher, dass seine Beratung bei dieser Patientin auf taube Ohren gestoßen war, er sie aber dennoch nie wieder zu Gesicht bekäme.

Mit Einführung der rezeptfreien *Pille danach* im Jahr 2015 kamen ohnehin kaum noch Patientinnen zur nächtlichen Notfallsprechstunde in Krankenhäuser. Nicht etwa weil die Pille ihre Anziehungskraft verloren hatte, ganz im Gegenteil: In Deutschland stieg die Nachfrage binnen kürzester Zeit um mehr als die Hälfte! Der Unterschied zu früher war der, dass sie nun kinderleicht in jeder Apotheke erhältlich war, ohne Rezept und ohne Beratung. So ist es nicht verwunderlich, dass viele deutsche Apotheken gerade während der Nachtschichten und außerhalb der regulären Öffnungszeiten einen bislang unbekannten Boom erleben.

Hilfreiche Schlussworte

Am Ende dieses Buches möchte Dr. Conrad allen Frauen noch einen kleinen Tipp, beziehungsweise „hilfreichen Trick" mit auf den Weg geben, in der Hoffnung, dass Sie diesen nie benötigen.
Als Gynäkologe kommt es leider immer wieder vor, dass man auch Vergewaltigungsopfer untersuchen muss, insbesondere dann, wenn man in einem Krankenhaus arbeitet und gerade Nachtschicht hat. Auch wenn es für die Frau unter diesen Umständen sicherlich angenehmer wäre, von einer Gynäkologin untersucht zu werden, so lässt es sich manchmal leider nicht vermeiden, dass die Untersuchung von einem männlichen Kollegen vorgenommen werden muss. Selbstverständlich ist hier ein behutsames Vorgehen eine absolute Grundvoraussetzung.

Sofern Sie, liebe Leserin, irgendwann einmal selbst das Opfer einer Vergewaltigung werden sollten, wünschen wir Ihnen, dass Sie den nachfolgenden und gut gemeinten Tipp aus ihrem Gedächtnis abrufen und umsetzen können. Dr. Conrad selbst hat von diesem „Trick", für dessen Anwendung die Frau weder Kraft noch besondere Fähigkeiten besitzen muss, erstmals auf einer Weiterbildung erfahren. Dort wurde empfohlen, dass, wenn eine Frau in die Situation einer Vergewaltigung kommt, sie versuchen solle, einen Hustenanfall vorzutäuschen. Auch wenn der Täter versucht, ihr den Mund zuzuhalten, so ergeben sich vielleicht immer wieder kleine Momente, in denen sie mit dem Husten beginnen kann, im besten Fall genau in Richtung des Gesichts des Täters.
Sie fragen sich, was das Husten bewirken soll?
Viele Frauen beginnen während einer Vergewaltigung zu wimmern, zu weinen oder zu schluchzen, was in dieser für sie erniedrigenden und demütigenden Situation absolut verständlich und nachvollzieh-

bar ist. Leider ist der Mann hier anders „gestrickt", sodass er ein leises oder zartes Wimmern auch als leichtes Stöhnen wahrnehmen kann. Ein solches Stöhnen wird beim Geschlechtsverkehr jedoch meist als etwas Positives empfunden. Im schlimmsten Fall kann ein Wimmern oder Schluchzen des Opfers den Täter also noch zusätzlich stimulieren, anstatt ihn zum Aufgeben zu bewegen.

Genau deshalb wird den Frauen geraten, etwas zu unternehmen, was der Mann als unangenehm oder besser gesagt, als *abturnend* empfindet. Husten könnte hier also die Lösung oder auch die Rettung sein!

Stellen Sie sich nur einmal vor, wie unerotisch es für den Mann ist, wenn die Frau, die er gerade versucht zu vergewaltigen, statt zu wimmern, die ganze Zeit hustet!

Ja, auch dies ist für viele Frauen sicherlich nicht einfach zu praktizieren. Aber sofern sich eine zierliche Frau nicht mehr bewegen, geschweige denn wehren kann, weil ihr der Täter kräftemäßig einfach überlegen ist, ist Husten eine einfache und zusätzliche Option, der drohenden Vergewaltigung zu entgehen.

Noch einmal, niemand wünscht einer Frau, in eine derartige Situation zu kommen, dennoch sollte sie im Fall der Fälle keine Option ungenutzt lassen, und sei es nur so ein banaler Versuch wie das Husten.

Doch nicht nur kräftiges Husten kann den Täter eventuell von seiner Tat abhalten oder ihn dazu bewegen, aufzugeben. Immer wieder wird Frauen geraten, sie sollen keine Angst zeigen, was sicherlich leichter gesagt ist als getan. Viele Frauen versuchen auch, einen direkten Blickkontakt zum Täter zu vermeiden. Doch hier wird geraten, dass versucht werden sollte, dem Blick des Gegners nicht auszuweichen. Auch das Siezen des Täters schafft eine gewisse Distanz. Reden Sie laut und mit fester Stimme, oder schreien Sie den Gegner gezielt an! Sofern die Frau körperlich in der Lage ist, sollte sie sich wehren, und zwar schnell, heftig und ohne Hemmungen! Im besten Fall gelingt es der Frau, dem Angreifer Schmerzen zuzufügen, bevor er sie verletzt!

Richtig, liebe Leserin, lieber Leser, dies sind lediglich theoretische Tipps, die man im realen Leben eventuell nicht sofort abrufen, geschweige denn umsetzen kann, wenn es darauf ankommt. Dennoch sollten sich Frauen diese Tipps immer und immer wieder ins Gedächtnis rufen. Sofern auch nur eine einzige Vergewaltigung durch simples Husten, was von einigen vielleicht belächelt und als absolut sinnlos eingestuft wird, verhindert werden kann, so haben sich diese wenigen Zeilen zu diesem brisanten Thema schon gelohnt.

Liebe Leserin,
Lieber Leser,
alle, die an der Umsetzung und Realisierung dieses Buches beteiligt waren, insbesondere der Autor, hoffen, dass Sie Dr. Conrads hautnahe und selbst erlebte Geschichten unterhalten und zum Schmunzeln und /oder Lachen gebracht haben. Wie heißt es doch so schön? Lachen ist die beste Medizin!
In diesem Sinne: Bleiben Sie gesund!

Weitere Bücher von Peter Granzow:

Störfaktor Kunde

In seinem Erstlingswerk *Störfaktor Kunde*, das im Jahr 2016 binnen kürzester Zeit auf Platz 4 der Bestsellerliste des Indie-Katalogs landete, nimmt Peter Granzow auf humorvolle Weise den mitunter selbst erlebten, schlechten Kundenservice in Deutschland aufs Korn. So erfährt der Leser, dass dem Autor in einem Möbelhaus Dienstleistungen verkauft wurden, die es so gar nicht gab, was für gehörige Probleme sorgen  sollte. In einem anderen Möbelhaus war es einfach nicht möglich, eine Einbauküche zu kaufen. Obwohl der Autor die Taschen sprichwörtlich voller Geld hatte, ergriffen bei seinem Anblick gleich drei Verkäufer die Flucht. Und dass man in einem Sternehotel unerwartet und unerwünscht vom Reinigungspersonal geweckt werden kann, auch das musste Granzow des Öfteren in seinem Lieblingshotel erfahren. Nun könnte man meinen, dass man in einem Autohaus der gehobenen Mittelklasse besser bedient wird, doch weit gefehlt. So kommt man automatisch zu der Annahme, dass Kunden und Dienstleister einfach nicht zueinander passen wollen!

Neben all den humorvollen Geschichten erfährt der Leser jedoch auch, wie der Autor von einigen Unternehmen, ohne darum zu bitten, wertvolle *Entschädigungen* erhalten hat.

Taschenbuch   ISBN 978-3732314775
Hardcover   ISBN 978-3732314782
Auch als e-Book

Salim – Ein syrischer Flüchtling bei mir zu Gast

Aus Angst vor dem Bürgerkrieg verlässt Salim im Winter 2012 mit gerade einmal 19 Jahren seine Eltern und sein Heimatland Syrien. Erst nach über zwei entbehrungsreichen Jahren erreicht er Köln, wo er kurz nach seiner Ankunft auf Peter Granzow trifft, der ihm spontan seine Hilfe für Behördengänge und Deutschunterricht anbietet. Nur wenige Wochen später gelingt es Granzow, Salim eine jahrelang herbeigesehnte  Operation in einer Kölner Privatklinik zu ermöglichen, die zwischen den beiden alles verändern sollte. Schnell gewinnt er das Vertrauen von Salim, der ihm schon bald alle Details seiner Flucht und den damit verbundenen Schwierigkeiten erzählt, auf deren Basis Granzow dieses Buch geschrieben hat.

Dass aber nicht alle Menschen positiv auf Flüchtlingshilfe reagieren, erfährt er nur kurze Zeit später über negative Kommentare in sozialen Netzwerken. Doch ungeachtet dessen unterstützt er Salim weiter auf seinem Weg in einem fremden Land.

Tauchen Sie ein in eine emotionale Geschichte aus Höhen und Tiefen, und werden Sie Zeuge, wie sich zwischen zwei Männern unterschiedlichen Alters und unterschiedlicher Kulturen eine tiefe Freundschaft entwickelt.

Über die Flucht von Salim wurde bereits mehrfach in den Medien berichtet. Auch auf Lesungen berührte und begeisterte diese emotionale Geschichte schon mehrere hundert Besucher.

Taschenbuch   ISBN 978-3734506321
Hardcover   ISBN 978-3734506338
Auch als e-Book

DEPRESSIONEN – 50 Tage in der Psychiatrie

Millionen Deutsche leiden unter einer Depression, Tausende von ihnen suchen Jahr für Jahr Hilfe in psychiatrischen Fachkliniken, ohne genau zu wissen, was sie dort erwartet.

Markus, ein 60-jähriger Schauspieler aus Frankfurt a.M., war im Sommer 2015 einer dieser verzweifelten Menschen, der sich nach einem filmreifen, aber dennoch gescheiterten Suizidversuch für einen wochenlangen Klinikaufenthalt entschieden hat. Hier wird er mit den verschiedensten Therapien konfrontiert und kann sich zunächst nur schwer mit ihnen anfreunden, sind es in seinen Augen doch nur „ganz normale Freizeitaktivitäten". Schnell vergleicht er das Leben in der Psychiatrie mit einem All-Inklusive Cluburlaub, in dem die Ärzte und Therapeuten lediglich die Rolle von Animateuren einnehmen. Dennoch gelingt es ihnen langsam, Markus´ Leben wieder einen Sinn zu geben, bis ihn das Schicksal, kurz vor seiner Entlassung, durch einen tragischen Zwischenfall fast wieder in seine anfängliche Lethargie stürzt.

Das Buch entstand auf der Basis der Tagebuchaufzeichnungen von Markus und unzähligen Gesprächen zwischen ihm und dem Autor. Es beschreibt nicht nur seinen Klinikaufenthalt, die Therapien, die sechs Stufen einer Depression, das Zusammenleben mit den anderen Patienten und wie es überhaupt zu seinem Suizidversuch kommen konnte, sondern auch, wie es der Klinik gelang, Markus Schritt für Schritt aus der Depression heraus und ins Alltagsleben zurück zu führen.

Taschenbuch ISBN 978-3734591983
Hardcover   ISBN 978-3734591990
Auch als e-Book

Zeitfracht Medien GmbH
Ferdinand-Jühlke-Straße 7
99095 Erfurt, Deutschland
produktsicherheit@kolibri360.de